Igualdad, acoso y protección LGTBI

avanza editorial

Editado por:
EDITORIAL FAE, S.L.U.
Correo electrónico: editorial@editorialfae.com

Igualdad, acoso y protección LGTBI
Avanza Editorial

1ª Edición

ISBN: 978-84-1135-363-2

Impreso en España

Índice

U. A. 1. Sensibilización y promoción de la igualdad de género

Introducción

Objetivos

1. Introducción a la igualdad de género

    1.1. Conceptos básicos de igualdad de género

    1.2. Historia y evolución de los derechos de género

2. Marco legal y normativo

    2.1. Legislación nacional e internacional en igualdad de género

    2.2. Cumplimiento normativo en el ámbito empresarial

3. Desarrollo de políticas y compromisos organizacionales

    3.1. Desarrollo de políticas internas de igualdad de género

        3.1.1. Sensibilización y formación

        3.1.2. Procesos de selección y promoción

        3.1.3. Conciliación y flexibilidad laboral

        3.1.4. Igualdad salarial

    3.2. Integración y comunicación efectiva de las políticas de igualdad en la empresa

RESUMEN

GLOSARIO

EJERCICIOS DE AUTOEVALUACIÓN

U. A. 2. Prevención del acoso en el ámbito laboral

Introducción

Objetivos

1. Introducción al concepto de acoso

    1.1. Conceptos básicos sobre acoso

    1.2. Origen y evolución del acoso en el ámbito laboral

    1.3. Tipos de acoso en el ámbito laboral

Índice

2. Marco legal y normativo

   2.1. Legislación nacional e internacional sobre acoso en el ámbito laboral

   2.2. Cumplimiento normativo y obligaciones de las empresas

3. Prevención del acoso en el ámbito laboral. Políticas y compromisos empresariales

   3.1. Análisis y detección de necesidades de actuación ante el acoso en la empresa

   3.2. Desarrollo de políticas internas para la detección, eliminación y prevención del acoso laboral

4. Protocolo y plan de actuación frente al acoso laboral, acoso sexual y/o por razón de sexo en el entorno laboral

   4.1. Características y ámbito de aplicación del protocolo

   4.2. Objetivos y principios fundamentales de la implementación del protocolo

   4.3. Implementación y ejecución del protocolo

   4.4. Evaluación periódica del protocolo. Adaptaciones y mejoras según los resultados obtenidos

RESUMEN

GLOSARIO

EJERCICIOS DE AUTOEVALUACIÓN

U. A. 3. Derechos y prevención de la discriminación de personas LGTBI

Introducción

Objetivos

1. Conceptos básicos en materia LGTBI

   1.1. Orientación sexual, identidad de género y expresión de género

   1.2. ¿Qué significan las siglas LGTBI / LGTBIQ+? El concepto de LGTBIfobia

   1.3. Los derechos LGTBI en el ámbito laboral

2. Introducción a la Ley 4/2023

   2.1. Finalidad y ámbito de aplicación

   2.2. Principales disposiciones de la normativa en relación al ámbito empresarial

   2.3. Obligaciones de las empresas para el cumplimiento de la Ley 4/2023

   2.4. Aplicación de la Ley 4/2023 en el convenio o acuerdo colectivo de la empresa

3. Protocolo de protección frente a la discriminación contra las personas LGTBI en la empresa

    3.1. Factores de discriminación LGTBI en el ámbito laboral y detección de los mismos

    3.2. Medidas para alcanzar la igualdad y no discriminación LGTBI en las empresas

    3.3. Acciones de información y sensibilización que fomenten y promuevan un entorno de respeto a la diversidad sexual y de género

    3.4. Protocolo de prevención de la discriminación LGTBI

        3.4.1. Diseño e implementación

        3.4.2. Formación y comunicación del protocolo a todas las personas trabajadoras de la empresa

        3.4.3. Recopilación y análisis de datos y seguimiento de la aplicación del protocolo

    3.5. Infracciones y sanciones a la empresa por incumplimiento de la aplicación del protocolo

    RESUMEN

GLOSARIO

EJERCICIOS DE AUTOEVALUACIÓN

Aplicaciones prácticas

Ejercicio de evaluación final

Solucionario

Bibliografía

Índice

U. A. 1. Sensibilización y promoción de la igualdad de género

Introducción

La igualdad de género es un principio fundamental en las sociedades modernas, que busca garantizar que mujeres y hombres tengan las mismas oportunidades, derechos y condiciones para desarrollarse plenamente en todos los ámbitos de la vida. En España, como en muchos otros países, este concepto ha evolucionado significativamente a lo largo de los años, pasando de una reivindicación social a un derecho consolidado en el marco jurídico y en las políticas públicas.

En esta unidad, se identifican los conceptos básicos de la igualdad de género, su historia y evolución, especialmente en lo que respecta al reconocimiento de los derechos de género y su impacto en el mundo laboral, abordando cuestiones como el acceso equitativo al empleo, la segregación ocupacional y la discriminación laboral.

Asimismo, se estudiará el marco legal y normativo que respalda la igualdad de género, prestando especial atención a la Ley Orgánica 3/2007, de 22 de marzo, para la igualdad efectiva de mujeres y hombres, así como a otras disposiciones que promueven la equidad y la no discriminación en el ámbito profesional.

Por otro lado, se abordará el desarrollo de políticas y compromisos organizacionales, analizando cómo las empresas y entidades pueden integrar la igualdad en su gestión interna. Se examinarán aspectos como la sensibilización y formación del personal, los procesos de selección y promoción profesional, las medidas de conciliación y flexibilidad laboral, la igualdad salarial y las estrategias para asegurar una comunicación efectiva e inclusiva dentro de la organización.

Objetivos

- Adquirir un conocimiento claro de los conceptos fundamentales relacionados con la igualdad de género, enfocándose en su relevancia y aplicación en la sociedad española actual.
- Entender la evolución histórica de los derechos de género en España y analizar cómo la igualdad de género afecta el mundo laboral, incluyendo aspectos como el acceso al empleo, la segregación ocupacional y la discriminación laboral.
- Familiarizarse con las leyes nacionales e internacionales que rigen la igualdad de género, entendiendo su aplicación y relevancia en España.
- Comprender las obligaciones legales de las empresas en materia de igualdad de género y cómo estas se integran en las prácticas empresariales.
- Aprender a crear e implementar políticas de igualdad de género eficaces en el ámbito organizacional.
- Comprender cómo integrar la igualdad de género en la cultura de la empresa y su impacto en el entorno laboral.
- Adquirir habilidades para comunicar de manera efectiva las políticas y compromisos de igualdad de género en la empresa.

1. Introducción a la igualdad de género

La igualdad de género constituye uno de los pilares fundamentales para el desarrollo social, político y económico de cualquier sociedad moderna. Se basa en el reconocimiento de que todas las personas, independientemente de su sexo o identidad de género, deben gozar de las mismas oportunidades, derechos y responsabilidades. Comprender este principio implica analizar tanto los conceptos básicos que lo sustentan como la evolución histórica de los derechos vinculados a la equidad entre hombres y mujeres.

A lo largo del tiempo, los movimientos sociales, las legislaciones y las transformaciones culturales han contribuido a visibilizar desigualdades y a promover un trato más justo e inclusivo.

En este apartado, se abordarán los fundamentos teóricos de la igualdad de género y su desarrollo histórico hasta la actualidad.

1.1. Conceptos básicos de igualdad de género

La igualdad de género es un principio fundamental en nuestra sociedad, que aboga por el reconocimiento de que hombres y mujeres deben tener los mismos derechos y oportunidades en todos los aspectos de la vida. Este concepto trasciende la mera idea de igualdad física o biológica, incidiendo más bien en el valor igualitario de las capacidades, experiencias y conocimientos de ambos géneros.

La igualdad de género no implica que hombres y mujeres sean idénticos, sino que sus diferencias no deben ser un motivo para otorgar derechos u oportunidades desiguales. Es una lucha constante contra los prejuicios y estereotipos que han limitado históricamente el desarrollo de ambos sexos en distintos ámbitos.

Fig. 1. La igualdad de género es un tema complejo y en constante evolución que sigue siendo central para el desarrollo de sociedades más justas y equitativas

En el ámbito legal, existen normativas específicas que buscan garantizar esta igualdad de género. Un ejemplo destacado en España es la Ley Orgánica 3/2007, de 22 de marzo, para la igualdad efectiva de hombres y mujeres. Esta ley es un hito en la lucha por la igualdad de género, ya que establece un marco legal para garantizar que hombres y mujeres reciban el mismo trato y oportunidades, especialmente en el ámbito laboral y social.

Otro aspecto clave en la conversación sobre la igualdad de género es la violencia de género. Esta se refiere a los actos de violencia y agresiones que se perpetran en función del género de una persona. Es una problemática grave y extendida que afecta principalmente a las mujeres y niñas en todo el mundo. La violencia de género incluye una amplia gama de actos, desde la violencia física y sexual hasta el abuso emocional y psicológico, y representa una de las violaciones más flagrantes de los derechos humanos.

La representación de los géneros en los medios de comunicación y la publicidad también juega un papel fundamental en la construcción de una sociedad igualitaria. La publicidad institucional y la imagen pública no sexista se esfuerzan por ofrecer una representación equitativa y libre de estereotipos de hombres y mujeres. Esto es fundamental, ya que los medios de comunicación tienen un poderoso impacto en la forma en que percibimos el mundo y en la construcción de normas sociales.

Además, la acción positiva se refiere a medidas específicas dirigidas a las mujeres para corregir desequilibrios históricos en su contra. Estas medidas pueden incluir políticas de contratación, programas de mentoría y capacitación, y otras iniciativas destinadas a apoyar a las mujeres en áreas donde tradicionalmente han sido subrepresentadas o desfavorecidas.

Fig. 2. La conciliación laboral y familiar es esencial para equilibrar el trabajo con las responsabilidades personales

El acoso sexual y por razón de sexo son otras formas de discriminación de género que todavía prevalecen en muchos entornos, especialmente en el lugar de trabajo. El acoso sexual incluye cualquier comportamiento de naturaleza sexual, ya sea verbal o físico, que sea no deseado y que viole la dignidad de la persona. El acoso por razón de sexo, por otro lado, se refiere a comportamientos basados en el género que buscan degradar o crear un entorno hostil.

La brecha salarial de género es un indicador clave de la desigualdad de género. Refleja la diferencia en los ingresos entre hombres y mujeres, que a menudo se debe a una variedad de factores estructurales, como la segregación ocupacional, las diferencias en las horas de trabajo y las interrupciones en la carrera profesional, muchas veces relacionadas con la maternidad.

La conciliación de la vida personal, familiar y laboral es otro aspecto fundamental de la igualdad de género. Se refiere a la capacidad de equilibrar el trabajo remunerado con las responsabilidades familiares y el tiempo personal. Esta conciliación es esencial para permitir que tanto hombres como mujeres participen plenamente en todos los aspectos de la vida.

Además, la corresponsabilidad implica una distribución equitativa de las responsabilidades familiares y domésticas entre hombres y mujeres. La idea es que la carga de la gestión del hogar y el cuidado de los hijos no recaiga únicamente en las mujeres, sino que sea compartida por ambos géneros, promoviendo así una verdadera igualdad en todos los aspectos de la vida.

Aspecto	Descripción
Definición de igualdad de género	Reconocimiento de que hombres y mujeres deben tener los mismos derechos y oportunidades, valorando por igual sus capacidades, experiencias y conocimientos.
Normativa legal	Existen leyes específicas, como la Ley Orgánica 3/2007 en España, que buscan garantizar la igualdad efectiva de hombres y mujeres.
Violencia de Género	Actos de violencia y agresiones basados en el género, que afectan principalmente a mujeres y niñas, incluyendo violencia física, sexual, emocional y psicológica.
Representación en medios y publicidad	Esforzarse por una representación equitativa y no estereotipada de ambos géneros en los medios de comunicación y la publicidad.
Acción positiva	Medidas específicas en favor de las mujeres para corregir situaciones de desigualdad histórica, incluyendo políticas de contratación y programas de capacitación.
Acoso sexual y por razón de sexo	Comportamientos no deseados de naturaleza sexual o basados en el género que atentan contra la dignidad de una persona.
Brecha salarial de género	Diferencia en los ingresos entre hombres y mujeres, influenciada por factores como la segregación ocupacional y diferencias en las horas de trabajo.
Conciliación de la vida personal, familiar y laboral	Capacidad de equilibrar el trabajo remunerado con las responsabilidades familiares y personales, permitiendo la participación plena en todos los aspectos de la vida.

Seguidamente, puedes ver el más aspectos que componen los principales aspectos de la igualdad de género:

Aspecto	Descripción
Corresponsabilidad	Distribución equitativa de las responsabilidades familiares y domésticas entre hombres y mujeres, promoviendo la igualdad en todos los aspectos de la vida.
Techo de cristal	Este término se refiere a las barreras invisibles pero reales que impiden que las mujeres asciendan a los niveles más altos de una organización, a pesar de tener las calificaciones y la experiencia necesarias. Estas barreras pueden incluir discriminación sutil, prejuicios de género y falta de oportunidades de mentoría o redes profesionales.
Suelo pegajoso	Se utiliza para describir la situación en la que las mujeres, especialmente las de niveles de ingresos bajos o medios, se encuentran atrapadas en puestos de trabajo de bajo nivel y mal remunerados. A diferencia del "techo de cristal", que afecta a mujeres en niveles más altos, el "suelo pegajoso" se refiere a las dificultades para ascender incluso desde los niveles más bajos.
Estereotipos de género	Son ideas preconcebidas y generalizadas sobre las características, roles y comportamientos que la sociedad considera apropiados para hombres y mujeres. Estos estereotipos pueden limitar lo que se considera aceptable o normal para cada género y a menudo conducen a discriminación y desigualdades.

Finalmente, puedes obtener información sobre los últimos aspectos que componen los principales aspectos de la igualdad de género:

Anotación

En definitiva, la igualdad de género es un concepto amplio y multifacético que abarca desde la igualdad legal y la lucha contra la violencia de género hasta la representación en los medios y la igualdad en el lugar de trabajo y en el hogar.

1.2. Historia y evolución de los derechos de género

La historia de los derechos de género en España es un relato de lucha constante y progreso significativo, marcado por momentos clave que han transformado la sociedad española en términos de igualdad de género.

Fig. 3. La igualdad de género sigue siendo un objetivo clave en la agenda social y política de España

A continuación, se expone una cronología de la evolución de los derechos de género:

A. Siglo XIX y principios del siglo XX

Durante este período, la sociedad española estaba profundamente arraigada en tradiciones patriarcales. Las mujeres tenían roles limitados, principalmente centrados en el hogar. La educación para las mujeres era básica y se enfocaba en prepararlas para sus roles como madres y esposas. No tenían derecho al voto y su participación en la vida pública y política era mínima.

A finales del siglo XIX y principios del XX, surgieron en España los primeros movimientos sociales que reivindicaban los derechos de las mujeres. Estos movimientos estaban influenciados por las corrientes feministas de Europa y América. Figuras como Concepción Arenal y Clara Campoamor empezaron a emerger, aunque sus ideas encontraron resistencia en una sociedad mayoritariamente conservadora.

A pesar de las limitaciones en la educación formal, algunas mujeres empezaron a participar activamente en la vida cultural y literaria del país. Hubo un creciente número de escritoras, poetas y artistas femeninas, aunque a menudo debían publicar sus trabajos bajo seudónimos masculinos o enfrentarse a la crítica social por salirse de los roles tradicionales.

Si bien los roles de las mujeres estaban principalmente confinados al ámbito doméstico, comenzaron a incursionar en el trabajo remunerado, especialmente en las áreas urbanas. Esto se debió en parte a la necesidad económica y a los cambios sociales y demográficos. Sin embargo, su participación en el mercado laboral estaba limitada a sectores considerados "apropiados" para su género, como la enseñanza, la costura o el servicio doméstico.

La industrialización trajo cambios en la estructura social y económica que afectaron indirectamente la situación de las mujeres. En las áreas urbanas e industriales, algunas mujeres empezaron a trabajar en fábricas, aunque a menudo en condiciones precarias y con salarios significativamente más bajos que los hombres.

Las mujeres comenzaron a luchar por sus derechos legales y civiles, aunque estas luchas eran a menudo silenciadas o marginadas. La capacidad legal de las mujeres estaba severamente restringida; por ejemplo, necesitaban el permiso de sus padres o maridos para realizar casi cualquier actividad legal o económica.

Aunque la educación para las mujeres era básica, se iniciaron esfuerzos para mejorarla. Instituciones como la Institución Libre de Enseñanza comenzaron a promover una educación más igualitaria, aunque estos esfuerzos eran más la excepción que la norma.

Fig. 4. El siglo XIX y principios del siglo XX en España fue un período de transición lenta y complicada para los derechos de género

B. La Segunda República (1931-1939)

Este período marcó un cambio significativo en los derechos de las mujeres en España. La Segunda República trajo consigo una serie de reformas progresistas, incluyendo el derecho al voto para las mujeres en 1931. Se hicieron esfuerzos para mejorar la educación de las mujeres y se promovieron derechos laborales más equitativos. Sin embargo, la Guerra Civil Española y la posterior dictadura de Francisco Franco detuvieron estos avances.

La Segunda República no solo otorgó a las mujeres el derecho al voto en 1931, sino que también vio un aumento en la participación política femenina. Mujeres como Clara Campoamor, Victoria Kent y Margarita Nelken desempeñaron roles destacados en el debate político, especialmente en torno al sufragio femenino. Por primera vez, las mujeres pudieron ser elegidas para cargos públicos y desempeñar un papel activo en la legislación.

Durante la Segunda República, se implementaron reformas educativas que buscaban una mayor igualdad de género en la educación. Se promovió la coeducación y se mejoró el acceso de las mujeres a la educación superior. En el ámbito laboral, se introdujeron leyes para proteger los derechos de las trabajadoras, incluyendo la regulación de las condiciones laborales y salarios.

El feminismo ganó un impulso considerable durante este período, con la formación de numerosas organizaciones y grupos feministas. Estos grupos abogaron por la igualdad de género en todos los aspectos de la vida, desde la educación y el empleo hasta los derechos reproductivos y la participación política.

Fig. 5. La Segunda República fue un período de avances progresistas en los derechos de las mujeres en España

La Segunda República desafió y comenzó a cambiar los roles tradicionales de género. Las mujeres comenzaron a tener una presencia más visible en la esfera pública y en profesiones que anteriormente estaban dominadas por hombres. Este período también vio un aumento en la representación de las mujeres en las artes y la literatura.

La Guerra Civil Española, que comenzó en 1936, tuvo un impacto significativo en los derechos y la vida de las mujeres. Durante la guerra, muchas mujeres participaron activamente en el frente y en roles de apoyo, como enfermeras y combatientes en milicias. Sin embargo, la guerra también llevó a una polarización extrema de los roles de género y a la violencia de género.

El final de la Segunda República y el comienzo de la dictadura de Franco marcaron un retroceso dramático en los derechos de las mujeres. Las conquistas alcanzadas durante la República fueron rápidamente desmanteladas, y las mujeres fueron nuevamente relegadas a roles tradicionales.

C. La dictadura de Franco (1939-1975)

Durante la dictadura de Franco, los derechos de las mujeres retrocedieron drásticamente. Se restringió la participación de las mujeres en la fuerza laboral y se promovió un retorno a los roles tradicionales de género. La legislación durante este período reflejaba una clara discriminación de género, subordinando los derechos de las mujeres a los de sus maridos.

Bajo el régimen de Franco, las mujeres perdieron muchas de las libertades y derechos que habían ganado durante la Segunda República. Se impusieron restricciones severas a su participación en la vida política y social, y se reforzaron los roles de género tradicionales.

La legislación franquista era abiertamente discriminatoria contra las mujeres. Se les negó la igualdad legal con los hombres, y sus derechos y libertades estaban condicionados a la autoridad de sus maridos o padres. Las leyes matrimoniales y de familia de la época subrayaban esta desigualdad, limitando seriamente la capacidad de las mujeres para actuar como individuos independientes en la sociedad.

La Sección Femenina, parte del partido único del régimen franquista, jugó un papel importante en la promoción de los roles tradicionales de género. A través de esta organización, se educaba a las mujeres en las "virtudes" de ser buenas esposas y madres, reforzando la idea de la domesticidad como su principal destino.

En cuanto a la educación, se fomentó un modelo que enfatizaba la formación doméstica y religiosa sobre la académica o profesional. En el ámbito laboral, las mujeres se vieron obligadas a volver a roles más domésticos o subordinados, y se promovieron políticas que desincentivaban su participación en la fuerza laboral.

Fig. 6. La imposición de un modelo de sociedad patriarcal y conservador tuvo efectos duraderos, cuyas repercusiones se extendieron mucho más allá del fin de la dictadura en 1975

La dictadura implementó una estricta censura y control sobre la sociedad, afectando especialmente a las mujeres. Se ejerció una represión significativa sobre cualquier forma de expresión feminista o de oposición al régimen.

La Iglesia Católica, aliada del régimen franquista, jugó un papel importante en la definición de los roles de género durante este período. Se promovieron valores conservadores y se restringió el acceso de las mujeres a la anticoncepción y al divorcio.

A pesar de la represión, hubo mujeres que resistieron y lucharon en la clandestinidad por sus derechos. Con el paso de los años, especialmente en las décadas de 1960 y 1970, comenzaron a surgir movimientos feministas que desafiaban el statu quo, preparando el terreno para los cambios que vendrían con la transición a la democracia.

D. La transición democrática y la Constitución de 1978

La muerte de Franco en 1975 y la subsiguiente transición a la democracia abrieron el camino para importantes reformas en materia de igualdad de género. La Constitución de 1978 fue fundamental en este proceso, estableciendo la igualdad de género como un principio legal. La constitución garantizaba la igualdad de todos los españoles ante la ley, sin discriminación por razón de sexo.

La transición a la democracia creó un entorno propicio para el cambio social y político, que incluyó un enfoque renovado en los derechos y la igualdad de género. Se comenzó a desmantelar el legado represivo de la dictadura de Franco, abriendo el camino para la revisión de leyes y prácticas discriminatorias.

La Constitución Española de 1978 fue un hito en la historia de los derechos de género en España. Por primera vez, se estableció legalmente la igualdad de género, garantizando la igualdad de todos los españoles ante la ley sin discriminación por razón de sexo. Este cambio constitucional sentó las bases para futuras reformas y legislaciones en favor de la igualdad de género.

Con la nueva constitución, comenzaron las reformas legales y políticas que buscaban eliminar las desigualdades de género en diversos aspectos de la sociedad. Se revisaron y modificaron leyes relacionadas con el matrimonio, la familia, el trabajo y la educación, buscando garantizar la igualdad y los derechos de las mujeres.

La transición democrática también vio un aumento en la participación de las mujeres en la política. Las mujeres comenzaron a ser elegidas para cargos públicos en mayor número y a tener una voz más fuerte en la formulación de políticas y legislación.

Fig. 7. La transición democrática y la Constitución de 1978 sentaron las bases legales y políticas para la promoción de la igualdad de género

Durante este período, el movimiento feminista en España ganó un impulso considerable. Las activistas feministas jugaron un papel indispensable en la promoción de la igualdad de género y en la lucha contra las leyes y prácticas discriminatorias. Su activismo fue fundamental para sensibilizar a la sociedad y a los responsables políticos sobre las cuestiones de género.

Aunque la transición a la democracia marcó un progreso significativo en los derechos de las mujeres, también presentó desafíos. Las cuestiones de igualdad de género requerían un cambio continuo en las actitudes sociales y en la legislación, un proceso que continuaría en las décadas siguientes.

E. Reformas postransición y durante el siglo XXI

Desde la transición a la democracia, España ha experimentado un progreso continuo en los derechos de género. Se han promulgado leyes para proteger a las mujeres de la violencia doméstica y el acoso sexual, y se han implementado políticas para promover la igualdad en el trabajo y la política. Una de las más destacadas es la Ley Integral contra la Violencia de Género de 2004, que proporciona un marco legal integral para la protección de las mujeres contra todo tipo de violencia basada en el género, incluyendo medidas de prevención, asistencia a víctimas y sanciones para los agresores.

Se han introducido leyes y políticas para promover la igualdad de género en el entorno laboral. Esto incluye medidas para combatir la discriminación en el empleo, promover la igualdad salarial y facilitar la conciliación de la vida laboral y familiar. Se han establecido también normativas específicas para prevenir y sancionar el acoso sexual en el trabajo.

Las reformas han buscado incrementar la representación femenina en la política. Las leyes de paridad, por ejemplo, exigen una representación equilibrada de hombres y mujeres en las listas electorales, lo que ha conducido a un aumento notable de la presencia de mujeres en cargos políticos y en las instituciones de gobierno.

Se han implementado programas educativos y campañas de sensibilización para promover la igualdad de género y desafiar los estereotipos tradicionales. Esto incluye la integración de la educación en igualdad de género en los currículos escolares y campañas públicas para fomentar la igualdad y el respeto mutuo.

La Ley de Igualdad de 2007 es otro hito legal, estableciendo medidas específicas para garantizar la igualdad entre hombres y mujeres y para combatir la discriminación por razón de sexo en diferentes ámbitos de la vida social y económica.

Desde la aprobación de la Ley de Igualdad en 2007 hasta 2023, España ha experimentado varios desarrollos notables en la promoción de la igualdad de género.

Los años posteriores a 2007 vieron un fortalecimiento de las políticas y leyes contra la violencia de género. Se implementaron campañas de concienciación pública y se mejoraron los servicios de apoyo a las víctimas, incluyendo la ampliación de recursos como líneas de ayuda y centros de acogida.

Fig. 8. El movimiento feminista en España sigue es una fuerza vital en la promoción de la igualdad de género

Se continuó trabajando en la igualdad en el ámbito laboral, con especial énfasis en la reducción de la brecha salarial de género y la promoción de políticas de conciliación. Se introdujeron reformas para mejorar la flexibilidad laboral, como el teletrabajo, y para apoyar a las familias, como la ampliación de los permisos de paternidad.

La presencia de mujeres en la política siguió aumentando, con más mujeres ocupando cargos de alta responsabilidad, incluyendo ministerios y la vicepresidencia del gobierno. Esto reflejó un cambio significativo en la representación política y en la toma de decisiones.

La educación en igualdad de género se convirtió en un tema cada vez más relevante, con esfuerzos para integrar la perspectiva de género en el currículo educativo y promover la sensibilización entre estudiantes y docentes.

El movimiento feminista en España ganó un impulso considerable, especialmente con manifestaciones masivas como las del 8 de marzo (Día Internacional de la Mujer), donde se reivindicaron derechos y se denunciaron las desigualdades de género existentes.

A pesar de los avances, se identificaron desafíos continuos, como la persistencia de la brecha salarial, la subrepresentación femenina en ciertos sectores profesionales, y la necesidad de combatir las formas más sutiles de discriminación y los estereotipos de género.

La pandemia de COVID-19, que comenzó en 2020, tuvo un impacto significativo en la igualdad de género, destacando problemas como la violencia doméstica durante los confinamientos y las desigualdades en el trabajo. Esto llevó a una mayor atención y a la implementación de medidas específicas para abordar estas cuestiones.

Hasta 2023, España ha continuado avanzando en la promoción de la igualdad de género, aunque reconociendo que todavía quedan desafíos por afrontar. La combinación de legislación progresista, políticas públicas, educación y activismo social ha sido fundamental en este proceso hacia una sociedad más igualitaria.

Recuerda

La evolución de los derechos de género en España es una historia de avances significativos interrumpidos por períodos de represión, pero con un claro movimiento hacia una mayor igualdad y reconocimiento de los derechos de las mujeres.

2. Marco legal y normativo

El marco legal y normativo en materia de igualdad de género en España se apoya en un conjunto de disposiciones que buscan garantizar la igualdad efectiva entre mujeres y hombres. Entre ellas, destaca la Ley Orgánica 3/2007, de 22 de marzo, para la igualdad efectiva de mujeres y hombres, que constituye el principal referente legislativo en esta materia. Esta ley establece medidas concretas para eliminar la discriminación por razón de sexo y promover la participación equilibrada en los ámbitos político, económico, social y laboral.

En el ámbito empresarial, el cumplimiento de esta normativa implica la adopción de planes de igualdad, protocolos contra el acoso y políticas de diversidad que favorezcan un entorno laboral justo, inclusivo y respetuoso con los derechos de todas las personas.

2.1. Legislación nacional e internacional en igualdad de género

La legislación en igualdad de género, tanto a nivel nacional como internacional, es un pilar fundamental en la lucha contra la discriminación de género y la promoción de la igualdad.

A continuación, se detalla cómo se desarrolla esta legislación:

A. Legislación nacional

La Ley Orgánica para la Igualdad Efectiva de Mujeres y Hombres de 2007 en España es una pieza legislativa integral que aborda múltiples aspectos relacionados con la igualdad de género.

Algunas de las disposiciones y áreas clave que cubre esta ley son:

- **Igualdad en el empleo**:
    - Promoción de la igualdad de género en el reclutamiento y la selección.
    - Medidas para prevenir la discriminación en el trabajo, incluyendo la remuneración, las condiciones laborales y las oportunidades de promoción.
    - Obligaciones para las empresas en la implementación de planes de igualdad.

- **Educación**:
    - Integración de la igualdad de género en los currículos educativos.
    - Promoción de la coeducación y eliminación de estereotipos de género en la educación.
    - Formación y sensibilización en igualdad de género para el personal educativo.

- **Medidas contra la violencia de género**:
    - Establecimiento de medidas de protección y asistencia a las víctimas de violencia de género.
    - Creación de protocolos para la prevención y respuesta a la violencia de género.

- **Participación política y en la administración pública**:
    - Fomento de la igualdad de género en la toma de decisiones políticas.
    - Imposición de cuotas de género para asegurar la representación equilibrada en listas electorales y cargos públicos.

Fig. 9. La legislación establece un marco legal para promover la igualdad de oportunidades para todos los géneros.

- **Igualdad en los medios de comunicación**:
  - o Promoción de una imagen igualitaria, plural y no estereotipada de mujeres y hombres en los medios.
  - o Fomento de códigos de conducta para evitar el sexismo en la publicidad y los medios.

- **Ámbito laboral**:
  - o Impulso de medidas para la conciliación de la vida laboral, personal y familiar.
  - o Incentivos para las empresas que promuevan la igualdad efectiva entre hombres y mujeres.

Además, hay una serie de leyes significativas que han sido fundamentales en la promoción de los derechos de las mujeres y la igualdad de género:

- **Ley Orgánica de Medidas de Protección Integral contra la Violencia de Género (2004)**: Pionera en Europa, esta ley aborda de manera integral la violencia contra las mujeres. Establece un marco legal para la prevención, atención y protección de las víctimas de violencia de género, incluyendo la violencia doméstica y el acoso sexual. Esta legislación ha sido crucial en la lucha contra la violencia de género, proporcionando recursos y apoyo a las víctimas y estableciendo sanciones para los agresores.

- **Ley de Salud Sexual y Reproductiva y de la Interrupción Voluntaria del Embarazo (2010)**: Esta ley representa un avance significativo en los derechos reproductivos de las mujeres en España. Regula el acceso a la salud sexual y reproductiva, incluyendo la disponibilidad de métodos anticonceptivos y la interrupción voluntaria del embarazo. Su objetivo es garantizar que las mujeres tengan control sobre sus derechos reproductivos y acceso a servicios de salud reproductiva de calidad, marcando un hito en la autonomía y libertad de las mujeres en cuestiones de salud y reproducción.

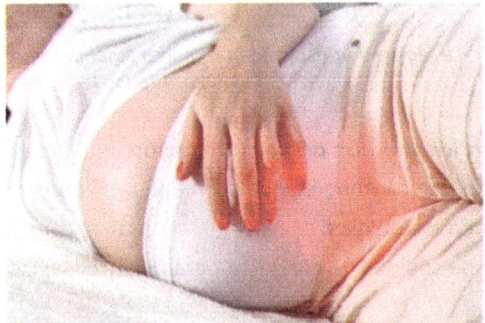

Fig. 10. La Ley de Salud Sexual y Reproductiva y de la Interrupción Voluntaria del Embarazo, promueve una educación integral en salud sexual y reproductiva

- **Ley para la Igualdad de Trato y la No Discriminación (2011)**: Esta ley abarca un espectro más amplio de igualdad y no discriminación, incluyendo disposiciones específicas para combatir la discriminación por razón de género. Apunta a promover la igualdad y prevenir cualquier forma de discriminación, ya sea en el trabajo, la educación, el acceso a bienes y servicios, o en otros contextos sociales. Su enfoque integral es fundamental para asegurar un tratamiento justo y equitativo en varios aspectos de la vida social y económica.

- **Ley Orgánica para la Mejora de la Calidad Educativa (LOMCE, 2013)**: Aunque se centra en la reforma educativa, la LOMCE incluye componentes importantes para la igualdad de género en la educación. Promueve la eliminación de estereotipos de género en el sistema educativo y fomenta una educación basada en la igualdad y el respeto mutuo. Esta ley es un paso crucial para moldear una sociedad más igualitaria desde las aulas, educando a las futuras generaciones en valores de igualdad y respeto.

- **Reformas en la Legislación Laboral**: A lo largo de los años, se han introducido diversas reformas en la legislación laboral española para fomentar la igualdad de género en el lugar de trabajo. Estas reformas han abordado temas como la igualdad salarial, la conciliación de la vida laboral y familiar y la prevención del acoso sexual en el trabajo.

Fig. 11. Las reformas legales son esenciales para crear un entorno laboral justo y equitativo

B. Legislación internacional

La legislación internacional en materia de igualdad de género comprende varios tratados, convenios y resoluciones clave que han sido adoptados a nivel global para promover los derechos de las mujeres y la igualdad de género. Entre los más destacados se encuentran:

- **Convención sobre la eliminación de todas las formas de discriminación contra la mujer (CEDAW)**: Adoptada por la Asamblea General de las Naciones Unidas en 1979, la CEDAW es a menudo descrita como la "Carta Internacional de los Derechos de la Mujer". Obliga a los países firmantes a eliminar la discriminación contra las mujeres en todas las formas y promover la igualdad de género en áreas como la educación, el empleo y la salud.

- **Declaración y plataforma de acción de Beijing (1995)**: Surgida de la Cuarta Conferencia Mundial sobre la Mujer, la Plataforma de Acción de Beijing establece objetivos estratégicos y medidas para avanzar en los derechos de las mujeres en doce áreas críticas, incluyendo la educación, la economía, el poder y la toma de decisiones, y la violencia contra las mujeres.

- **Objetivos de Desarrollo Sostenible (ODS) de las Naciones Unidas**: Adoptados en 2015, los ODS incluyen el Objetivo 5, que se centra específicamente en lograr la igualdad de género y empoderar a todas las mujeres y niñas. Este objetivo abarca temas como la
- eliminación de la violencia contra las mujeres, la igualdad de acceso a la educación y el trabajo, y la participación plena y efectiva de las mujeres en la vida política, económica y pública.

- **Convención sobre los Derechos Políticos de la Mujer (1952)**: Esta convención fue una de las primeras en reconocer y abogar por los derechos políticos de las mujeres, incluyendo el derecho al voto, a ocupar cargos públicos y a tener acceso a los servicios públicos en igualdad de condiciones con los hombres.

Fig. 12. La Convención sobre los Derechos Políticos de la Mujer de 1952 fue adoptado por la Asamblea General de las Naciones Unidas el 20 de diciembre de 1952

- **Protocolo Facultativo de la CEDAW (1999)**: Este protocolo permite a los individuos o grupos presentar quejas ante el Comité de la CEDAW sobre violaciones de los derechos de las mujeres en países que han ratificado el protocolo. También habilita al Comité a iniciar investigaciones sobre violaciones graves o sistemáticas de los derechos de las mujeres.

- **Convención Interamericana para Prevenir, Sancionar y Erradicar la Violencia contra la Mujer "Convención de Belém do Pará" (1994)**: Es un tratado internacional crucial adoptado el 9 de junio de 1994 en Brasil. Este tratado se enfoca en la violencia contra las mujeres, proponiendo medidas específicas para su prevención y eliminación. Define la violencia de género en un sentido amplio, abarcando daño físico, sexual y psicológico. La Convención establece el derecho de las mujeres a vivir libres de violencia y ha impulsado la creación de leyes y políticas para combatir la violencia de género en los países miembros, teniendo un notable impacto tanto regional como internacional.

- **Resoluciones del Consejo de Seguridad de las Naciones Unidas sobre Mujeres, Paz y Seguridad**: Desde la resolución 1325 en el año 2000, el Consejo de Seguridad ha adoptado varias resoluciones que reconocen el impacto desproporcionado de los conflictos armados en las mujeres y las niñas. Estas resoluciones abogan por la participación de las mujeres en la prevención de conflictos, la resolución de conflictos y los procesos de paz, así como por la protección de las mujeres y las niñas de la violencia sexual en conflictos.

Las Resoluciones del Consejo de Seguridad de la ONU sobre Mujeres, Paz y Seguridad son clave para abordar cómo los conflictos armados afectan desproporcionadamente a mujeres y niñas. Estas resoluciones incluyen:

- o **Resolución 1325 (2000)**: Destaca la importancia de la participación femenina y la perspectiva de género en procesos de paz y reconstrucción postconflicto.
- o **Resolución 1889 (2009)**: Enfatiza en fortalecer la aplicación de la Resolución 1325,
- o incluyendo el seguimiento mediante indicadores específicos.
- o **Resolución 2122 (2013)**: Enfoca en superar deficiencias en la agenda de mujeres, paz y seguridad, subrayando que la igualdad de género es vital para la paz y seguridad globales.
- o **Resolución 2242 (2015)**: Aborda barreras en la implementación de estas agendas, promoviendo una integración más fuerte con estrategias contra el terrorismo y extremismos.

- **La Agenda 2030 para el desarrollo sostenible**: La implementación de los Objetivos de Desarrollo Sostenible (ODS) continúa siendo un marco clave para promover la igualdad de género a nivel mundial. Los países han integrado estos objetivos en sus políticas nacionales, aunque los progresos son desiguales y existen desafíos significativos debido a factores como la pobreza, las crisis políticas y los desastres naturales.

- **Conferencias internacionales y plataformas de seguimiento**: Las conferencias internacionales, como las reuniones periódicas de la Comisión de la Condición Jurídica y Social de la Mujer (CSW) de las Naciones Unidas, continúan siendo foros importantes para evaluar los avances en la igualdad de género, compartir mejores prácticas y desafíos, y formular nuevas estrategias para abordar cuestiones pendientes.

Fig. 13. La Comisión de la Condición Jurídica y Social de la Mujer (CSW) es un organismo global pionero en la promoción de la igualdad de género y el empoderamiento de las mujeres

- **Impacto de la pandemia de COVID-19**: La pandemia ha tenido un impacto significativo en la igualdad de género, exacerbando las desigualdades existentes y planteando nuevos desafíos. Las mujeres se han visto afectadas desproporcionadamente en términos de pérdida de empleo, aumento de la violencia doméstica y sobrecarga de trabajo de cuidados no remunerados. Esto ha llevado a un renovado enfoque en políticas de género sensibles a la crisis.

- **Movimientos globales y campañas**: Movimientos como #MeToo y campañas por los derechos reproductivos han tenido un impacto global, aumentando la conciencia sobre el acoso sexual, la violencia de género y los derechos de las mujeres. Estos movimientos han presionado a los gobiernos y organizaciones internacionales para que tomen medidas más firmes contra la violencia de género y promuevan la igualdad.

Para la implementación de la legislación anterior hay que tener en cuenta lo siguiente:

- **Aplicación de la legislación**: La implementación efectiva de estas leyes es un desafío constante. Requiere no solo el compromiso político, sino también recursos adecuados, sensibilización y educación para cambiar las actitudes y prácticas discriminatorias arraigadas.

- **Desafíos globales**: A nivel global, los desafíos incluyen la variabilidad en la adopción y aplicación de las leyes de igualdad de género. Mientras que algunos países han avanzado significativamente, otros todavía enfrentan obstáculos significativos debido a factores culturales, religiosos y socioeconómicos.

Anotación

En definitiva, la legislación nacional e internacional en igualdad de género es fundamental para establecer un marco legal que promueva la igualdad y combata la discriminación. Sin embargo, su éxito depende no solo de la existencia de leyes, sino también de su efectiva implementación y de la voluntad política y social para abordar y cambiar las normas y prácticas discriminatorias.

2.2. Cumplimiento normativo en el ámbito empresarial

El cumplimiento normativo en el ámbito empresarial en relación con la igualdad de género es un aspecto crucial que las empresas deben abordar para garantizar un entorno laboral justo y equitativo. Este cumplimiento implica una serie de prácticas y políticas que las empresas deben implementar y seguir.

A continuación, se detalla cómo se desarrolla este cumplimiento.

- **Adopción de políticas de igualdad de género**:
  - ○ Según la Ley Orgánica 3/2007, para la igualdad efectiva de mujeres y hombres, las empresas en España están obligadas a adoptar políticas que promuevan activamente la igualdad de género en el lugar de trabajo. Esto incluye la creación de un ambiente laboral libre de discriminación y acoso, asegurando igualdad de oportunidades en reclutamiento, formación, promoción y remuneración.
  - ○ Estas políticas deben ser claras, accesibles para todos los empleados y deben incluir directrices específicas sobre cómo se implementarán y monitorearán.

- **Planes de igualdad y auditorías de género:**
  - ○ En línea con el Real Decreto-ley 6/2019, las empresas de más de 50 empleados están requeridas a elaborar y aplicar planes de igualdad. Estos deben incluir medidas concretas para alcanzar la igualdad efectiva entre hombres y mujeres en la empresa.
  - ○ Las auditorías de género son una herramienta utilizada para evaluar la situación de la igualdad de género dentro de la empresa. Estas auditorías ayudan a identificar áreas de mejora y a desarrollar estrategias para abordar cualquier desigualdad detectada.

- **Formación y sensibilización:**
  - ○ Las empresas deben proporcionar formación regular a sus empleados y directivos sobre igualdad de género y prevención del acoso sexual. Esta formación es fundamental para crear una cultura de respeto y para garantizar que todos los empleados comprendan sus derechos y responsabilidades.

Fig. 14. Las campañas de comunicación interna suelen utilizar carteles, correos electrónicos y reuniones interactivas para promover la inclusión

○ La sensibilización sobre la importancia de la igualdad de género en el lugar de trabajo también es crucial. Esto puede lograrse a través de campañas de comunicación interna, eventos y otras iniciativas.

- **Mecanismos de denuncia y resolución de conflictos:**
  ○ Es esencial que las empresas establezcan mecanismos efectivos para que los empleados puedan denunciar casos de discriminación o acoso. Estos mecanismos deben garantizar la confidencialidad y proteger a los empleados de represalias.
  ○ Además, debe haber procedimientos claros y justos para investigar y resolver estas denuncias.

- **Monitoreo y evaluación continua:**

  ○ Las empresas deben monitorear regularmente el progreso de sus políticas de igualdad de género y ajustarlas según sea necesario. Esto implica revisar los planes de igualdad, las prácticas de contratación, las estructuras salariales y otras políticas relevantes.
  ○ La evaluación continua permite a las empresas identificar desafíos y oportunidades para mejorar en materia de igualdad de género.

- **Cumplimiento legal y responsabilidad:**
  ○ Las empresas deben asegurarse de cumplir con todas las leyes y regulaciones nacionales e internacionales relacionadas con la igualdad de género. El incumplimiento puede resultar en sanciones legales, así como en daños a la reputación de la empresa.

Fig. 15. El cumplimiento normativo en el ámbito empresarial en relación con la igualdad de género es un proceso integral que requiere un compromiso constante

o La responsabilidad corporativa va más allá del simple cumplimiento legal; implica un compromiso activo con la promoción de la igualdad de género y la creación de un entorno laboral inclusivo y respetuoso.

Recuerda

Las empresas deben adoptar políticas efectivas, proporcionar formación y sensibilización, establecer mecanismos de denuncia y resolución de conflictos, y llevar a cabo un monitoreo y evaluación continuos. Todo esto debe hacerse en el marco del cumplimiento legal y con un enfoque en la responsabilidad corporativa para fomentar un entorno laboral equitativo y respetuoso.

3. Desarrollo de políticas y compromisos organizacionales

El compromiso de una organización con la igualdad de género se refleja en la puesta en marcha de políticas internas que garanticen la equidad real en todos los niveles de la empresa. Estas políticas no solo responden a las exigencias legales, sino que también forman parte de una cultura corporativa basada en el respeto, la diversidad y la igualdad de oportunidades. Su desarrollo abarca ámbitos clave como la sensibilización y formación del personal, la igualdad en los procesos de selección y promoción profesional, la conciliación de la vida laboral y personal y la equidad salarial.

Además, para que dichas medidas resulten efectivas, es fundamental asegurar su correcta integración y comunicación dentro de la organización, fomentando así un entorno inclusivo, participativo y comprometido con la igualdad entre mujeres y hombres.

3.1. Desarrollo de políticas internas de igualdad de género

Las políticas internas de igualdad de género garantizan que hombres y mujeres disfruten de las mismas oportunidades y sean tratados con igual respeto y consideración en todos los aspectos de la vida laboral.

La sensibilización y la formación sobre igualdad de género son elementos esenciales para el éxito de estas políticas. Mediante programas de sensibilización y formación, se busca aumentar la conciencia sobre la igualdad de género en el lugar de trabajo. Estas iniciativas pueden incluir una variedad de actividades, como talleres, seminarios y campañas de comunicación, que permiten a los empleados aprender sobre problemas de género, prejuicios inconscientes y cómo estas cuestiones impactan tanto a nivel individual como organizacional.

En el ámbito de recursos humanos, los procesos de selección y promoción son áreas clave donde se pueden ajustar las políticas y prácticas para fomentar un entorno más inclusivo y equitativo. Esto incluye la eliminación de sesgos de género en la contratación y el desarrollo de estrategias para asegurar la igualdad en los procesos de promoción interna.

Fig. 16. El desarrollo de políticas internas de igualdad de género representa un paso clave para las organizaciones comprometidas con la creación de un ambiente laboral justo y equitativo

Finalmente, la conciliación y la flexibilidad laboral son temas de creciente importancia, especialmente en el contexto actual del mundo laboral. Estas políticas son fundamentales para apoyar a los trabajadores en el equilibrio entre sus responsabilidades laborales y personales, impactando directamente en la productividad y satisfacción laboral.

 **Saber más**

Empresas como Telefónica y Banco Santander han adoptado políticas internas robustas de igualdad de género, incluyendo auditorías de género regulares y la implementación de planes de igualdad que están alineados con la Ley Orgánica 3/2007 para la igualdad efectiva de mujeres y hombres.

Telefónica ha implementado una política de igualdad que promueve la igualdad de oportunidades y tratamiento en el empleo, enfatizando la importancia del talento femenino en las empresas. La compañía se enfoca en la sensibilización y la integración efectiva de las mujeres, eliminando cualquier barrera que infrinja el principio de igualdad.

Banco Santander, por su parte, muestra un firme compromiso con la igualdad de género. Han establecido metas para 2025, incluyendo una representación femenina de entre el 40% y el 60% en su consejo de administración, objetivo ya alcanzado en 2019. Mantienen un Plan Estratégico de Diversidad, Equidad e Inclusión continuo.

3.1.1. Sensibilización y formación

Fig. 17. La sensibilización y la formación ayudan a los empleados y líderes a comprender la importancia de la igualdad de género

Los programas de sensibilización están diseñados para incrementar la conciencia sobre la igualdad de género mediante actividades educativas y participativas. Estos programas son esenciales para enseñar a empleados y líderes sobre los problemas de género y los prejuicios inconscientes, y cómo estos afectan a la organización.

La formación específica en igualdad de género para empleados y líderes incluye temas como el manejo de la diversidad, la comunicación inclusiva, y la prevención del acoso y la discriminación por género.

Estos programas están diseñados para aumentar la conciencia sobre la igualdad de género en el lugar de trabajo. A través de diversas actividades, como talleres, seminarios y campañas de comunicación, los empleados pueden aprender sobre los problemas de género, los prejuicios inconscientes y cómo estas cuestiones afectan tanto a los individuos como a la organización en su conjunto.

Fig. 18. Los programas de sensibilización contribuyen a crear un ambiente donde todas las personas se sientan valoradas y respetadas, independientemente de su género

Ejemplo

El proyecto "Más Mujeres, Mejores Empresas", impulsado por el Ministerio de Igualdad, que busca incrementar la participación balanceada de mujeres y hombres en roles de liderazgo en el sector empresarial y económico. Las empresas se unen a esta iniciativa mediante acuerdos con la Secretaría de Estado de Igualdad y Contra la Violencia de Género, estableciendo objetivos y medidas para aumentar la presencia femenina en puestos de decisión. Durante este proceso, reciben asesoramiento del Instituto de la Mujer y participan en actividades como talleres de liderazgo femenino y desarrollo profesional.

En los programas de sensibilización sobre igualdad de género, además de talleres y seminarios, se pueden incorporar simulaciones y juegos de roles que permiten a los empleados experimentar situaciones desde diferentes perspectivas de género. Esto ayuda a comprender mejor los desafíos específicos y fomenta la empatía.

Además, los programas pueden incluir sesiones de *'coaching'* y mentoría enfocadas en igualdad de género, donde los empleados reciben orientación personalizada. También, el uso de tecnologías como la realidad virtual para simular situaciones de discriminación puede ser una herramienta poderosa para aumentar la empatía y el entendimiento.

Un ejemplo práctico podría ser una empresa que organiza un "Día de la Igualdad", donde los empleados participan en talleres y actividades que resaltan la importancia de la igualdad de género. Esto puede incluir paneles de discusión con líderes femeninas, talleres sobre prejuicios inconscientes, y actividades interactivas que desafían los estereotipos de género.

La formación específica en igualdad de género es fundamental para capacitar a los empleados y, en particular, a los líderes. Esta formación puede incluir temas como el manejo de la diversidad, la comunicación inclusiva, y la prevención del acoso y la discriminación de género. Al educar a los líderes y empleados sobre cómo reconocer y abordar las cuestiones de género, se fomenta un ambiente más inclusivo y se empodera a todos para que actúen como defensores de la igualdad de género en su entorno laboral.

Fig. 19. Estas iniciativas para fomentar la igualdad de género son fundamentales para crear un ambiente de trabajo inclusivo y respetuoso

Una práctica efectiva en la formación en igualdad de género para empleados y líderes es integrar estos temas en los programas de desarrollo profesional y liderazgo. Esto asegura que la igualdad de género se considere en todas las etapas de la carrera profesional y en la toma de decisiones estratégicas. Además, se pueden incluir módulos sobre cómo implementar políticas de igualdad de género efectivas y cómo abordar las denuncias de discriminación y acoso.

Además, esta formación puede extenderse a temas como el análisis de políticas internas desde una perspectiva de género, asegurando que las decisiones corporativas reflejen una comprensión de la igualdad de género. La incorporación de casos de estudio y análisis de políticas exitosas de igualdad de género de otras organizaciones puede proporcionar ejemplos prácticos y aplicables.

Programa de liderazgo donde se integran módulos específicos sobre igualdad de género. Esto podría incluir sesiones sobre cómo crear un entorno inclusivo, cómo gestionar equipos diversos, y cómo implementar prácticas de contratación equitativas. Los líderes podrían también participar en sesiones de *role-playing* para practicar la resolución de conflictos relacionados con cuestiones de género.

En definitiva, la sensibilización y la formación son pasos críticos en el desarrollo de políticas internas de igualdad de género. Al implementar programas de sensibilización y proporcionar formación específica, las organizaciones no solo cumplen con su responsabilidad social y ética, sino que también se benefician de un ambiente de trabajo más armónico y productivo.

3.1.2. Procesos de selección y promoción

En el contexto actual de las empresas, la gestión de los recursos humanos juega un papel esencial en la promoción de la igualdad y la diversidad dentro del ambiente laboral.

Los procesos de selección y promoción son áreas clave donde las políticas y prácticas pueden ser ajustadas para fomentar un ambiente más inclusivo y equitativo. En este sentido, se destacan dos aspectos fundamentales: la eliminación de sesgos de género en la contratación y las estrategias para garantizar igualdad en los procesos de promoción interna.

Fig. 20. Los sesgos inconscientes del personal encargado de la contratación pueden influir en las decisiones durante el proceso de selección

La eliminación de sesgos de género en los procesos de contratación es un paso imprescindible para construir una fuerza laboral equitativa y diversa. Esto comienza con la implementación de prácticas de contratación que promuevan la objetividad. Por ejemplo, la utilización de procesos de contratación anónimos, donde la información personal que pueda revelar el género de los candidatos, como nombres o fotografías, se oculta durante las primeras etapas de revisión de currículos. Esto asegura que las decisiones iniciales se basen en las habilidades y experiencias del candidato, en lugar de en prejuicios inconscientes.

Para complementar los procesos de contratación anónimos, es fundamental establecer criterios de evaluación estandarizados. Esto implica utilizar un conjunto uniforme de preguntas y métricas para evaluar a todos los candidatos, asegurando que la selección se base en competencias y habilidades relevantes para el puesto, y no en características personales. Estos criterios ayudan a minimizar la influencia de los sesgos personales y a garantizar un proceso de selección justo y objetivo.

Importante

Es importante que los profesionales de recursos humanos y los gerentes de contratación reciban formación en la identificación y manejo de sus propios sesgos inconscientes.

Otro enfoque efectivo es el uso de sistemas de inteligencia artificial y herramientas tecnológicas en la evaluación de candidatos. Estos sistemas pueden ser programados para evaluar las habilidades y experiencias de los candidatos de manera objetiva, reduciendo la influencia de los sesgos personales. Sin embargo, es preciso asegurarse de que estos sistemas estén diseñados para evitar replicar los sesgos existentes.

Por último, establecer criterios de selección claros y consistentes es fundamental. Debe existir un conjunto de requisitos y competencias definidos para cada puesto, y todos los candidatos deben ser evaluados en base a estos criterios. Esto garantiza que el proceso de selección sea justo y centrado en encontrar al candidato más calificado para el trabajo.

Ejemplo

Imaginemos una empresa de tecnología que está buscando contratar a una persona para el departamento de desarrollo de software. Para eliminar los sesgos de género, la empresa implementa un sistema de revisión de currículos anónimo. En este sistema, todos los detalles que podrían revelar el género de la persona candidata, como nombres, pronombres o actividades extracurriculares que podrían estar asociadas con un género específico, son omitidos. Los currículos son evaluados únicamente en base a las habilidades técnicas, la experiencia laboral y los logros académicos.

Además, la empresa organiza talleres para sus empleados encargados de la contratación, centrados en la conciencia y la reducción de sesgos inconscientes. Durante estas sesiones, los empleados aprenden sobre cómo los prejuicios personales pueden influir en sus decisiones y cómo aplicar prácticas de evaluación objetiva.

Por último, para garantizar una evaluación imparcial, la empresa utiliza una herramienta de inteligencia artificial para una primera ronda de selección de candidatos, basada en criterios predefinidos y relevantes para el puesto. Esto asegura que los candidatos que pasan a la siguiente ronda de entrevistas sean seleccionados por sus competencias y habilidades, no por su género.

En cuanto a los procesos de promoción interna, garantizar la igualdad y equidad es igualmente esencial. Esto comienza con la creación de un sistema de evaluación de desempeño transparente y basado en méritos. Las evaluaciones deben centrarse en los logros, habilidades y competencias del empleado, independientemente de su género. Esto requiere una clara definición de los criterios de rendimiento y asegurarse de que estos criterios se apliquen de manera uniforme a todos los empleados.

La formación de comités de promoción diversificados también juega un papel importante. Estos comités deben incluir miembros de diferentes géneros, antecedentes y departamentos. Una diversidad de perspectivas puede ayudar a asegurar que las decisiones de promoción se tomen de manera justa y equitativa.

Fig. 21. Los criterios de rendimiento ofrecen una comprensión clara de lo que se espera de los empleados

Además, es necesario que las políticas y criterios de promoción sean transparentes y accesibles para todos los empleados. Esto significa comunicar claramente los caminos y requisitos para el avance profesional, asegurando que todos los empleados tengan la oportunidad de entender y aspirar a posiciones más altas.

Finalmente, los programas de mentoría y desarrollo profesional pueden desempeñar un papel vital en la promoción de la igualdad en los procesos de promoción interna. Estos programas deben estar abiertos a todos los empleados y diseñados para prepararlos para roles de liderazgo, independientemente de su género. Los mentores pueden proporcionar guía, apoyo y exposición a oportunidades de crecimiento profesional, lo que ayuda a crear un pipeline de talento diverso y calificado para roles de liderazgo.

Consideremos una empresa de consultoría global que busca promover la igualdad de género en sus procesos de promoción interna. La empresa establece un proceso de evaluación de desempeño basado en méritos, donde los logros de cada empleado son evaluados contra indicadores de rendimiento claros y objetivos. Estos indicadores incluyen el cumplimiento de objetivos, la calidad del trabajo entregado y la contribución a proyectos de equipo.

La empresa también forma un comité de promoción diversificado, compuesto por miembros de diferentes departamentos, géneros y niveles jerárquicos. Este comité revisa las recomendaciones de promoción para asegurar que se basen en el mérito y no en prejuicios personales.

Para asegurar la transparencia, la empresa pública las rutas de promoción y los criterios de evaluación en su intranet, accesibles a todos los empleados. Además, la empresa lanza un programa de mentoría, donde líderes experimentados (de diversos géneros y antecedentes) asesoran a empleados con potencial de liderazgo, proporcionándoles orientación y apoyo en su desarrollo profesional.

Tanto en la contratación como en la promoción, es esencial adoptar enfoques que minimicen los sesgos de género y promuevan la igualdad. Esto no solo crea un ambiente de trabajo más justo y equitativo, sino que también permite a las organizaciones aprovechar al máximo su diverso conjunto de talentos.

3.1.3. Conciliación y flexibilidad laboral

La conciliación y flexibilidad laboral en España se han vuelto temas de creciente importancia, especialmente en el contexto cambiante del mundo laboral moderno. Estas políticas son fundamentales para apoyar a los trabajadores en el equilibrio entre sus responsabilidades laborales y personales, y tienen un impacto directo en la productividad y la satisfacción laboral.

En España, las políticas de conciliación familia-laboral han ganado relevancia como un medio para equilibrar las exigencias del trabajo con la vida familiar. Esto incluye medidas como permisos de maternidad y paternidad, que permiten a los padres dedicar tiempo vital al cuidado de sus hijos recién nacidos o adoptados.

 Saber más

Tras la pandemia de COVID-19, muchas empresas en España han adoptado modelos de trabajo más flexibles y híbridos. BBVA España, por ejemplo, ha implementado un sistema que permite a sus empleados de oficina trabajar un 60% de su tiempo en la oficina y un 40% de forma remota. Este modelo de teletrabajo parcial se puso en marcha desde septiembre de 2021. Los empleados que eligen esta modalidad firman un contrato de teletrabajo que es voluntario y reversible. Además, BBVA facilita la flexibilidad durante el día y la opción de trabajar desde dos domicilios diferentes dentro del país.

En España, el permiso de maternidad se extiende por 16 semanas. Este permiso es 100% remunerado y puede comenzar hasta cuatro semanas antes de la fecha prevista del parto.

Durante las primeras seis semanas posteriores al parto, es obligatorio para la madre permanecer en permiso para asegurar su recuperación. Las 10 semanas restantes pueden ser distribuidas según lo acuerden los padres.

Fig. 22. Las políticas se han ido orientando a fomentar una mayor participación de padres y madres en el cuidado de los hijos

En cuanto al permiso de paternidad, se han realizado esfuerzos significativos para promover la igualdad de género en el cuidado de los hijos. Desde enero de 2021, el permiso de paternidad es igual al de maternidad, es decir, 16 semanas. De estas, las primeras 6 semanas deben ser disfrutadas ininterrumpidamente tras el nacimiento del hijo. Las 10 semanas restantes pueden disfrutarse de manera flexible dentro del primer año de vida del hijo.

Fig. 23. La flexibilidad en el horario de trabajo ayuda a los empleados a manejar mejor algunas responsabilidades personales sin sacrificar su rendimiento laboral

Además, muchas empresas españolas están adoptando políticas que permiten horarios de trabajo flexibles. Estas políticas reconocen la necesidad de los empleados de atender compromisos familiares, como llevar a los hijos al colegio o asistir a citas médicas.

Las opciones de trabajo flexible se han consolidado como una respuesta adaptativa a las necesidades cambiantes del entorno laboral. El trabajo remoto, popularizado por la pandemia de COVID-19, ha demostrado ser una solución efectiva en muchas organizaciones. Esto no solo reduce el tiempo de desplazamiento, sino que también ofrece a los empleados la posibilidad de trabajar en un entorno que puede ser más favorable para su productividad y bienestar personal.

La ley regula esta modalidad para garantizar los derechos de los trabajadores, incluyendo aspectos como la voluntariedad del teletrabajo, la igualdad de condiciones con los trabajadores presenciales, y el derecho a la desconexión digital.

En España los trabajadores tienen el derecho a solicitar cambios en la duración y distribución de su jornada laboral para atender responsabilidades familiares (hasta que el hijo cumpla 12 años), incluyendo la posibilidad de trabajar a tiempo parcial. Además, se contempla la limitación de horas extras para aquellos trabajadores con responsabilidades familiares. Aquellos que tienen a su cargo menores de 12 años o familiares dependientes tienen derecho a una reducción de su jornada de trabajo, con la correspondiente reducción de salario. Esta reducción puede ser de entre un octavo y un medio de la duración de la jornada.

La semana laboral comprimida es otra opción que algunas empresas están explorando. Esta modalidad permite a los empleados trabajar el mismo número de horas semanales en menos días, proporcionando así un día adicional libre que puede ser utilizado para el descanso o las actividades personales.

Fig. 24. La semana laboral comprimida puede mejorar significativamente el equilibrio entre el trabajo y la vida personal

3.1.4. Igualdad salarial

La igualdad salarial y la equidad en los beneficios son fundamentales para crear un entorno laboral justo y equitativo. Para lograr esto, las empresas pueden adoptar diversas estrategias y políticas, como la realización de auditorías salariales, la promoción de la transparencia salarial y el desarrollo de políticas de compensación equitativa. Para alcanzar estos objetivos, las empresas pueden emplear diversas estrategias y políticas que garanticen una remuneración justa y la eliminación de posibles disparidades basadas en género, raza u otras características protegidas por la ley. Una de las herramientas más efectivas es la realización de auditorías salariales, que implican una revisión minuciosa de la estructura de salarios de la empresa para identificar posibles brechas injustas. Estas auditorías pueden llevarse a cabo de manera interna o con la ayuda de expertos externos. Una vez que se detecten disparidades, es crucial tomar medidas concretas, como ajustes salariales, para igualar la compensación de los empleados que desempeñan roles similares o tienen la misma experiencia, independientemente de cualquier diferencia.

Además de las auditorías salariales, la promoción de la transparencia salarial es esencial. Esto implica proporcionar a los empleados acceso a información sobre la estructura de compensación de la empresa, incluyendo la publicación de rangos salariales para diferentes puestos. La transparencia salarial no solo empodera a los empleados al permitirles comprender cómo se determinan los salarios, sino que también contribuye a identificar posibles inequidades y a generar confianza en el proceso de toma de decisiones salariales.

Fig. 25. Es fundamental que las políticas incluyan revisiones periódicas para mantener la equidad en un entorno laboral que evoluciona constantemente

El banco Santander ha llevado a cabo auditorías salariales para promover la igualdad de remuneración y ha implementado políticas de transparencia en este ámbito. La entidad ha lanzado iniciativas para cerrar la brecha salarial y ha sido reconocida por su desempeño en igualdad de género en el Índice de Igualdad de Género de Bloomberg 2022. Además, Santander se compromete a integrar criterios éticos, sociales y ambientales en sus operaciones, revisando anualmente sus políticas corporativas de sostenibilidad.

Estas auditorías implican un análisis exhaustivo de los salarios de los empleados para asegurar que personas con roles, responsabilidades y desempeño similares reciban una compensación comparable, independientemente de su género, etnia u otros factores personales.

Este proceso implica:

- **Recopilación de datos**: Recoger información salarial detallada de todos los empleados, incluyendo salario base, bonos, comisiones y otros beneficios.

- **Análisis comparativo**: Comparar salarios dentro de grupos de trabajo similares y entre diferentes niveles jerárquicos.

- **Identificación de disparidades**: Localizar diferencias injustificadas en la compensación que puedan indicar sesgos o discriminación.

- **Implementación de ajustes salariales**: Realizar los ajustes necesarios para resolver cualquier disparidad salarial injusta.

Las auditorías salariales también pueden incluir un análisis de tendencias a lo largo del tiempo. Esto implica observar las tendencias salariales a lo largo de los años para identificar cualquier patrón persistente de inequidad en el tiempo. Si se encuentran discrepancias persistentes, la empresa puede tomar medidas para abordarlas y evitar que se repitan en el futuro.

Fig. 26. Las auditorías salariales son una herramienta clave para identificar disparidades de remuneración dentro de una organización

Además de analizar los salarios actuales de los empleados, las auditorías salariales pueden implicar una revisión de las prácticas de contratación y promoción. Esto incluye examinar si existen barreras sistemáticas que impiden que ciertos grupos accedan a roles mejor remunerados o a puestos de liderazgo.

Es importante comunicar los resultados de las auditorías salariales a los empleados de manera clara y transparente. La transparencia en este proceso demuestra el compromiso de la empresa con la equidad salarial y fomenta la confianza de los empleados en el sistema de compensación.

Fig. 27. La transparencia puede ayudar a disipar preocupaciones o malentendidos sobre la remuneración

La transparencia salarial implica que los empleados tienen acceso a información sobre cómo se determinan los salarios y los criterios utilizados para las decisiones salariales. Esto puede incluir:

- **Publicación de escalas salariales**: Compartir rangos salariales para diferentes roles y niveles dentro de la organización.

- **Procesos de revisión salarial abiertos**: Ofrecer a los empleados la oportunidad de discutir su compensación con sus gerentes o con el departamento de recursos humanos.

- **Comunicación clara de criterios de compensación**: Asegurarse de que todos los empleados entiendan los factores que influyen en su compensación, como experiencia, desempeño y responsabilidades laborales.

Fig. 28. Es esencial que los empleados comprendan cómo las variables afectan sus salarios

En el contexto de igualdad de género, garantizar la transparencia salarial adquiere una importancia significativa para abordar posibles disparidades salariales basadas en el género y promover la equidad en el lugar de trabajo. No se trata simplemente de compartir rangos salariales, sino de proporcionar una visión clara y detallada de los criterios específicos utilizados para establecer estos rangos. Esto incluye considerar factores como la experiencia laboral, la educación, la ubicación geográfica y, crucialmente, el desempeño laboral.

Al permitir que los empleados discutan abiertamente sus salarios y compensaciones de manera regular con sus gerentes o el departamento de recursos humanos, se fomenta un ambiente donde las preocupaciones de igualdad de género pueden abordarse de manera efectiva, y se promueve la transparencia y la equidad salarial entre hombres y mujeres en la organización.

A continuación, se presenta un ejemplo específico de estrategias para garantizar la transparencia salarial en el contexto de igualdad de género.

En una empresa de tecnología, se ha identificado una brecha salarial de género en la que las mujeres, en promedio, ganan un 10% menos que sus colegas masculinos en roles similares. Para abordar esta desigualdad, la empresa toma medidas concretas:

- La empresa decide publicar no solo las escalas salariales generales, sino también las escalas salariales específicas para cada rol y nivel. Estas escalas incluyen detalles sobre cómo se calculan los salarios, considerando factores como la experiencia, las certificaciones relevantes y las responsabilidades laborales.

 Ejemplo

Por ejemplo, un ingeniero de software nivel 2 con 5 años de experiencia y una certificación específica tiene un rango salarial que se basa en estos factores, y esta información se encuentra disponible para todos los empleados.

- La empresa implementa procesos de revisión salarial abiertos y personalizados. Durante estas revisiones, los empleados, tanto hombres como mujeres, pueden discutir sus salarios con el departamento de recursos humanos.

Por ejemplo, una ingeniera de software puede solicitar una revisión salarial y presentar pruebas de su desempeño sobresaliente y logros específicos durante el año. La empresa evalúa de manera justa y transparente su solicitud y, si corresponde, realiza un ajuste salarial.

- La empresa se compromete a comunicar de manera clara los criterios que influyen en la compensación, destacando su compromiso con la igualdad de género. Se proporcionan ejemplos específicos de cómo el desempeño excepcional, la formación adicional y la asunción de roles de liderazgo pueden impactar positivamente en el salario.

- Además, la empresa establece metas concretas de igualdad de género y comunica regularmente el progreso hacia la eliminación de la brecha salarial de género.

Las políticas de compensación equitativa se centran en garantizar que todos los empleados sean remunerados de manera justa y equitativa por su trabajo.

Esto incluye:

- **Estructuras salariales estándar:**
  o Crear y mantener una estructura salarial estándar basada en el mercado laboral, la experiencia, la educación y el desempeño.
  o Eliminar cualquier brecha salarial de género que pueda existir. Esto implica revisar las estructuras salariales para garantizar que hombres y mujeres que desempeñan roles similares reciban una compensación igual por igual trabajo.

A continuación, se expone un ejemplo relacionado con la creación y mantenimiento de estructuras salariales estándar, así como la eliminación de la brecha salarial de género.

En una empresa de *marketing* digital, se implementa una estructura salarial estándar con un enfoque en la igualdad de género. Esta estructura se basa en factores como el mercado laboral, la experiencia, la educación y el desempeño, y se aplica de manera consistente en toda la organización. Además, la empresa se compromete a eliminar cualquier brecha salarial de género que pueda existir.

Para lograrlo, se siguen estos pasos:

1. La empresa realiza una investigación exhaustiva del mercado laboral para determinar los rangos salariales competitivos para cada puesto dentro de la industria. Estos rangos se establecen en función de la experiencia y las habilidades requeridas. Por ejemplo, se determina que el rango salarial para un gerente de marketing con 5 años de experiencia y una licenciatura en marketing es de 60.000€ a 80.000€ anuales.
2. La empresa lleva a cabo una revisión completa de las estructuras salariales existentes y compara los salarios de hombres y mujeres que desempeñan roles similares. Si se identifica una brecha salarial de género, se toman medidas inmediatas para abordarla. Por ejemplo, se descubre que las gerentas de marketing con perfiles y experiencia similares ganan un promedio de 5.000€ menos al año que sus colegas masculinos.
3. La empresa ajusta los salarios de las gerentas de marketing para eliminar esta brecha y garantizar que ambas partes reciban una compensación igual por igual trabajo.

- **Evaluación regular de la estructura salarial**: Las revisiones salariales periódicas deben incluir un análisis específico de las diferencias salariales entre géneros. Esto implica asegurarse de que las mujeres estén siendo remuneradas de manera justa en comparación con los hombres y que cualquier brecha salarial se aborde de manera proactiva.

Fig. 29. Revisar y ajustar periódicamente la estructura salarial es vital para asegurar la equidad

A continuación, se expone un ejemplo relacionado con la evaluación regular de la estructura salarial y la identificación y corrección de diferencias salariales de género para que podamos entender mejor este proceso.

En una empresa de consultoría, se reconoce la importancia de mantener una estructura salarial equitativa y se comprometen a realizar revisiones salariales periódicas. Durante estas revisiones, se lleva a cabo un análisis específico de las diferencias salariales entre géneros para garantizar que las mujeres estén siendo remuneradas de manera justa en comparación con los hombres, y que cualquier brecha salarial se aborde de manera proactiva.

- El proceso de revisión salarial y corrección de diferencias de género se ejecuta de la siguiente manera. La empresa recopila datos salariales detallados de todos los empleados, incluyendo salario base, bonos, comisiones y otros beneficios. Estos datos se desglosan por género y se comparan dentro de grupos de trabajo similares y entre diferentes niveles jerárquicos.
- Por ejemplo, se descubre que las mujeres en roles de consultoría junior ganan un 8% menos en promedio que sus colegas masculinos con la misma experiencia y calificaciones.
- Los análisis revelan diferencias salariales injustificadas entre géneros. La empresa identifica las áreas donde estas disparidades existen y las razones detrás de ellas.
- Se determina que una de las razones de la brecha salarial de género es la falta de reconocimiento de logros en las revisiones de desempeño, lo que ha llevado a que las mujeres reciban aumentos más bajos en promedio que los hombres.
- La empresa toma medidas inmediatas para abordar las disparidades salariales identificadas. Esto puede incluir aumentos salariales, bonificaciones retroactivas o ajustes en las políticas de revisión de desempeño.
- Por ejemplo, se realiza un aumento salarial para las consultoras junior que cerrará la brecha salarial de género y se revisan las políticas de revisión de desempeño para garantizar que tanto hombres como mujeres sean reconocidos y recompensados de manera equitativa.

- **Beneficios inclusivos**: Es importante que los beneficios se diseñen de manera que sean inclusivos y tengan en cuenta las necesidades de todos los empleados, independientemente de su género. Esto puede incluir políticas de licencia parental equitativas, programas de cuidado infantil accesibles y opciones flexibles de trabajo remoto.

Fig. 30. La adopción de estrategias y políticas de compensación equitativa contribuye a crear una cultura de trabajo más transparente, justa y motivadora

3.2. Integración de la igualdad de género en la cultura corporativa

La integración de la igualdad de género en la cultura corporativa es un elemento clave para las empresas en España, no solo para cumplir con las regulaciones legales, sino también para mejorar su competitividad y reputación en el mercado global. En España, donde la igualdad de género ha sido un tema de creciente importancia tanto en la sociedad como en el ámbito legislativo, las empresas están adoptando diversas medidas para integrar esta igualdad en su cultura corporativa.

La legislación española, específicamente la Ley Orgánica para la Igualdad Efectiva de Mujeres y Hombres, establece la necesidad de que las empresas implementen planes de igualdad. Estos planes incluyen medidas específicas para garantizar la igualdad de trato y oportunidades entre hombres y mujeres, y para eliminar cualquier forma de discriminación laboral basada en el género. Las empresas están desarrollando y ejecutando estos planes, que abarcan desde la selección y contratación de personal hasta la promoción, formación y condiciones laborales.

Anotación

Para que la igualdad de género sea efectiva en la cultura corporativa, debe existir un compromiso claro y visible desde la alta dirección. Esto puede incluir la declaración explícita de los líderes de la empresa sobre su compromiso con la igualdad de género, y la inclusión de objetivos de igualdad de género en la misión y visión de la empresa. En España, muchas empresas líderes están adoptando estas prácticas, mostrando públicamente su compromiso con la igualdad de género.

Ejemplo

Muchas empresas en España están formando comités de diversidad e igualdad, como Iberdrola, que cuenta con un equipo dedicado a fomentar la igualdad de género en todos los niveles de la organización y en todas las políticas y prácticas empresariales.

La formación y sensibilización en igualdad de género son fundamentales para cambiar las actitudes y prácticas dentro de la empresa. Esto incluye talleres, seminarios y cursos de formación para todos los empleados, con el objetivo de sensibilizar sobre la igualdad de género, la diversidad y la inclusión.

Fig. 31. Muchas empresas están invirtiendo en programas de formación continua para asegurar que la igualdad de género esté firmemente arraigada en la cultura corporativa

Una parte esencial de la integración de la igualdad de género en la cultura corporativa es promover la diversidad en los puestos de liderazgo. Esto implica establecer objetivos para aumentar la representación femenina en posiciones directivas y ejecutivas. Empresas en España están adoptando medidas como programas de mentoría y liderazgo específicamente diseñados para mujeres, y la implementación de políticas de promoción que aseguren una representación equitativa de géneros en los puestos de alta dirección.

La comunicación continua sobre los esfuerzos y logros en materia de igualdad de género es esencial. Esto no solo aumenta la conciencia sobre el tema, sino que también muestra el compromiso de la empresa con la igualdad de género. Las empresas españolas están utilizando sus plataformas internas y externas para destacar iniciativas de igualdad de género, historias de éxito y prácticas recomendadas.

Recuerda

La integración de la igualdad de género en la cultura corporativa en el contexto español es un proceso complejo y multifacético que requiere un compromiso continuo, estrategias bien definidas y una implementación efectiva. Al hacerlo, las empresas no solo cumplen con las normativas legales, sino que también contribuyen a la creación de un entorno laboral más justo, inclusivo y productivo.

Para que la igualdad de género se integre efectivamente en la cultura corporativa, es fundamental involucrar a todos los empleados en el proceso. Esto puede lograrse a través de la creación de grupos o comités de trabajo dedicados a la igualdad de género, donde los empleados de diferentes niveles y departamentos puedan participar activamente en el desarrollo y la implementación de iniciativas relacionadas con la igualdad de género.

Otra estrategia importante en la integración de la igualdad de género en la cultura corporativa es el desarrollo de políticas que faciliten la conciliación de la vida laboral y personal. Esto incluye flexibilidad en el horario de trabajo, posibilidad de teletrabajo, y políticas de permisos parentales igualitarios.

Fig. 32. Las empresas deben adaptar regularmente sus políticas de igualdad de género en respuesta a los hallazgos de evaluaciones internas

La evaluación periódica del progreso y la efectividad de las medidas de igualdad de género es imprescindible. Las empresas pueden realizar encuestas y auditorías internas para medir la percepción de la igualdad de género entre los empleados, identificar áreas de mejora y ajustar las estrategias según sea necesario.

La colaboración con otras empresas y organizaciones, así como el benchmarking de las mejores prácticas en igualdad de género, son también aspectos importantes. Las empresas españolas pueden beneficiarse de la participación en redes y foros empresariales donde se comparten experiencias y estrategias en materia de igualdad de género. Esto no solo permite aprender de otros, sino también contribuir al avance colectivo en la igualdad de género en el ámbito empresarial.

 **Saber más**

Una curiosidad interesante sobre la integración de la igualdad de género en la cultura corporativa es que algunas empresas, como la multinacional de tecnología Google, han adoptado el uso de inteligencia artificial (IA) y análisis de datos para promover la igualdad de género. Utilizan algoritmos avanzados para analizar patrones de comunicación, distribución de tareas y dinámicas de reuniones para identificar y abordar sesgos inconscientes. Esta innovadora aproximación permite a las empresas no solo establecer políticas de igualdad de género, sino también medir de manera objetiva su impacto en la cultura corporativa y ajustarlas en tiempo real.

Resumen

La igualdad de género se centra en garantizar que hombres y mujeres tengan derechos y oportunidades iguales en todos los ámbitos de la vida. Va más allá de la igualdad física o biológica, enfocándose en valorar equitativamente las capacidades y experiencias de ambos géneros. La Ley Orgánica 3/2007 en España es un ejemplo de los esfuerzos legales para asegurar esta igualdad, especialmente en el trabajo y la vida social. La igualdad de género también implica combatir la violencia de género y promover una representación equitativa en los medios. Acciones positivas como políticas de contratación justas y programas de capacitación son fundamentales para corregir desequilibrios históricos. La lucha contra el acoso sexual y la discriminación de género en el trabajo, junto con la reducción de la brecha salarial de género y la promoción de la conciliación laboral y familiar, son fundamentales en este esfuerzo.

Además, conceptos como el techo de cristal y el suelo pegajoso describen las barreras invisibles que impiden a las mujeres ascender a altos cargos y las dificultades adicionales que enfrentan las mujeres de bajos ingresos en el mercado laboral. Los estereotipos de género, el lenguaje sexista, el machismo, el feminismo y el controversial concepto de "hembrismo" son fundamentales para entender las diversas dimensiones de la igualdad de género. Estos conceptos reflejan las complejidades en la lucha por una sociedad justa e igualitaria, donde cada individuo sea valorado y recompensado equitativamente, independientemente de su género.

La historia de los derechos de género en España es una narrativa de progreso marcado por momentos clave, comenzando con roles limitados para las mujeres en el siglo XIX y principios del XX, hasta avances significativos durante la Segunda República. La dictadura de Franco fue un período de retroceso, seguido por la transición a la democracia y la adopción de la Constitución de 1978, que estableció la igualdad de género como un principio legal. Las décadas siguientes vieron más leyes y reformas para mejorar los derechos de género, aunque todavía hay desafíos como la brecha salarial de género y la subrepresentación femenina en ciertos sectores.

La legislación en igualdad de género juega un papel crucial tanto a nivel nacional como internacional. En España, la Ley Orgánica para la Igualdad Efectiva de Mujeres y Hombres de 2007 es un ejemplo destacado, abordando aspectos como la igualdad en el empleo, la educación, y medidas contra la violencia de género. Otras leyes importantes incluyen la Ley Orgánica de Medidas de Protección Integral contra la Violencia de Género de 2004 y la Ley de Salud Sexual y Reproductiva de 2010. A nivel internacional, tratados como la CEDAW y la Declaración de Beijing refuerzan el compromiso global con la igualdad de género. Estas leyes y convenios son fundamentales para establecer un marco legal que promueva la igualdad y combata la discriminación, aunque su éxito depende de su efectiva implementación y del compromiso social y político.

En el ámbito empresarial, el cumplimiento normativo relacionado con la igualdad de género es esencial para crear un entorno laboral justo. Las empresas deben adoptar políticas que promuevan la igualdad, incluyendo planes de igualdad y auditorías de género para evaluar y mejorar la situación interna. La formación en igualdad de género y la sensibilización son cruciales para fomentar un ambiente respetuoso. Además, es importante establecer mecanismos efectivos de denuncia y resolución de conflictos, junto con un monitoreo y evaluación continua. Las empresas deben cumplir con las leyes y regulaciones relevantes, yendo más allá del simple cumplimiento legal hacia un compromiso activo con la igualdad de género.

La discriminación de género en el ámbito laboral conlleva serias consecuencias legales y éticas. Legalmente, esto puede resultar en sanciones, multas, demandas judiciales y un daño significativo a la reputación de la empresa.

Glosario

Brecha salarial de género

Diferencia en la remuneración media entre hombres y mujeres, reflejando a menudo desigualdades estructurales en el mundo laboral.

Derechos de género

Derechos que buscan eliminar las desigualdades basadas en el género, incluyendo tanto derechos legales como aquellos relacionados con el acceso a recursos y oportunidades.

Discriminación laboral de género

Prácticas que resultan en trato desfavorable a individuos basado en su género, afectando aspectos como contratación, promoción y remuneración en el ambiente laboral.

Igualdad de género

Concepto que se refiere a la igualdad de derechos, responsabilidades y oportunidades para mujeres y hombres.

Segregación ocupacional

Fenómeno en el cual ciertos trabajos o profesiones son predominados por un género específico, a menudo resultado de normas sociales y prejuicios de género.

Código ético empresarial

Documento que establece los principios y valores éticos de una organización, incluyendo compromisos relacionados con la igualdad de género y la no discriminación.

Ley de igualdad

Legislación específica que promueve la igualdad de género y establece medidas para prevenir y sancionar la discriminación de género.

Normativas internacionales

Conjunto de acuerdos, tratados y directrices a nivel global que promueven y protegen la igualdad de género.

Responsabilidad corporativa

Obligación de las empresas de actuar de manera ética y legal, incluyendo el cumplimiento de las normativas de igualdad de género.

Sanciones por discriminación de género

Consecuencias legales impuestas a individuos u organizaciones que participan en prácticas discriminatorias basadas en el género.

Bienestar emocional y salud laboral

Medidas adoptadas para promover la salud mental y física en el lugar de trabajo, incluyendo la prevención del acoso.

Conciliación familiar-laboral

Políticas que permiten a los empleados equilibrar sus responsabilidades laborales y familiares, como opciones de trabajo flexible.

Igualdad en selección y promoción

Estrategias y prácticas para garantizar un proceso justo y libre de sesgos de género en la contratación y promoción de empleados.

Lenguaje inclusivo

Uso de un lenguaje que evita sesgos, estereotipos de género y promueve la inclusión en todas las formas de comunicación empresarial.

Programas de sensibilización

Iniciativas diseñadas para aumentar la conciencia y comprensión sobre la igualdad de género en el entorno laboral.

Transparencia salarial y equidad

Procesos como auditorías salariales que buscan garantizar una remuneración justa y equitativa para todos los empleados, independientemente de su género.

U. A. 1. Sensibilización y promoción de la igualdad de género

Ejercicios de autoevaluación

1. **¿Qué refleja la brecha salarial de género?**

   a. La cantidad de mujeres en puestos directivos.

   b. La diferencia en los ingresos entre hombres y mujeres.

   c. La diferencia en la educación entre hombres y mujeres.

   d. El número de horas trabajadas por semana.

2. **¿En qué período se otorgó el derecho al voto a las mujeres en España?**

   a. Durante la dictadura de Franco.

   b. En el siglo XXI.

   c. En la Segunda República (1931-1939).

   d. Tras la Guerra Civil española.

3. **¿Qué representó la Constitución de 1978 para la igualdad de género en España?**

   a. Una disminución de los derechos de género.

   b. La creación de la brecha salarial de género.

   c. El establecimiento de la igualdad de género como principio legal.

   d. La instauración de cuotas obligatorias inmediatas en todas las empresas.

4. **¿Qué puede dañar la discriminación de género en las empresas?**

   a. El precio de las acciones.

   b. La reputación de la empresa.

   c. La política de dividendos.

   d. El coste de la energía eléctrica.

5. ¿Cuál es una herramienta clave utilizada por las empresas para evaluar la igualdad de género interna?

    a. Encuestas de satisfacción del empleado.

    b. Auditorías de género.

    c. Análisis de competitividad del mercado.

    d. Estudios de mercado externos sobre precios.

6. ¿Qué se requiere que las empresas proporcionen regularmente para promover la igualdad de género?

    a. Bonificaciones de desempeño.

    b. Planes de pensiones.

    c. Formación en igualdad de género.

    d. Descuentos en productos de la empresa.

7. ¿Cuál es el objetivo principal de las políticas de igualdad de género en las organizaciones?

    a. Aumentar la productividad.

    b. Promover un ambiente laboral más inclusivo y equitativo.

    c. Reducir los costos laborales.

    d. Incrementar el número de horas extra obligatorias.

8. ¿Qué se busca con los programas de sensibilización en igualdad de género?

    a. Aumentar las habilidades técnicas de los empleados.

    b. Crear un ambiente de respeto y valoración.

    c. Disminuir el tiempo de capacitación.

    d. Mejorar únicamente la imagen externa de la empresa.

9. ¿Cómo se elimina el sesgo de género en los procesos de contratación?

    a. Aumentando el número de entrevistadores.

    b. Implementando prácticas de contratación objetivas.

    c. Reduciendo la cantidad de candidatos.

    d. Realizando entrevistas solo por teléfono.

10. ¿Qué incluyen las políticas de conciliación familia-laboral en España?

    a. Bonos anuales por desempeño.

    b. Permiso de paternidad y maternidad.

    c. Programas de retiro anticipado.

    d. Aumentos salariales automáticos.

U. A. 1. Sensibilización y promoción de la igualdad de género

U. A. 2. Prevención del acoso en el ámbito laboral

Introducción

La prevención del acoso en el ámbito laboral constituye un pilar esencial para garantizar entornos de trabajo seguros, saludables y respetuosos. En los últimos años, la sensibilización social y la evolución normativa han reforzado la necesidad de promover políticas activas que eviten cualquier forma de acoso, ya sea laboral, sexual o por razón de sexo, y que aseguren la protección efectiva de las personas trabajadoras.

Esta unidad tiene como objetivo ofrecer una visión integral del fenómeno del acoso, abordando su concepto, origen y tipología, así como el marco legal que regula su prevención y sanción. A través del estudio de las obligaciones empresariales y de los mecanismos de cumplimiento normativo, se profundizará en la importancia de la gestión preventiva como herramienta clave para la erradicación de estas conductas.

Asimismo, se analizarán las políticas y compromisos que deben adoptar las organizaciones para fomentar una cultura de respeto e igualdad, así como los elementos fundamentales de un protocolo de actuación eficaz. Finalmente, se presentarán los procedimientos de implantación, seguimiento y evaluación de dichos protocolos, con el fin de garantizar su mejora continua y su efectividad real en la protección de los derechos laborales.

Objetivos

- Definir el concepto de acoso y diferenciarlo de otras conductas inadecuadas en el ámbito laboral.
- Reconocer el origen y la evolución histórica del acoso en el trabajo y su relación con los cambios sociales y organizacionales.
- Identificar los principales tipos de acoso laboral, sexual y por razón de sexo, analizando sus características y consecuencias.
- Identificar la normativa nacional e internacional que regula la prevención y sanción del acoso laboral, sexual y por razón de sexo.
- Comprender las obligaciones legales que corresponden a las empresas y a las Administraciones Públicas en materia de prevención y actuación frente al acoso.
- Reconocer las competencias y responsabilidades de los distintos organismos públicos y privados en la aplicación del marco jurídico.
- Reconocer los diferentes niveles de protección que deben establecerse dentro de la organización para garantizar la seguridad y el bienestar de los trabajadores.
- Identificar las características esenciales y el ámbito de aplicación de un protocolo frente al acoso laboral, sexual y/o por razón de sexo.
- Aplicar los mecanismos adecuados de ejecución, promoción y seguimiento del protocolo dentro de la empresa.
- Evaluar la eficacia del protocolo, proponiendo adaptaciones o mejoras derivadas de su aplicación práctica y de los resultados obtenidos.

Introducción

El marco legal y normativo constituye la base sobre la que se sustentan todas las políticas y medidas de prevención del acoso laboral. La existencia de un sistema jurídico sólido permite no solo sancionar las conductas de acoso una vez ocurridas, sino, sobre todo, prevenir su aparición mediante la regulación y el cumplimiento efectivo de la normativa. En este contexto, tanto la legislación nacional como la internacional desempeñan un papel esencial al definir los derechos de los trabajadores, las obligaciones de las empresas y los mecanismos de protección ante situaciones de hostigamiento.

En España, el acoso laboral, sexual y por razón de sexo se aborda desde una perspectiva transversal en la normativa de igualdad, prevención de riesgos laborales y relaciones laborales, siendo el Estatuto de los Trabajadores, la Ley de Prevención de Riesgos Laborales, la Ley Orgánica 3/2007 para la igualdad efectiva de mujeres y hombres, y los convenios de la Organización Internacional del Trabajo (OIT) los principales referentes. A nivel europeo, diversas directivas y resoluciones refuerzan la obligación de los Estados miembros de garantizar entornos laborales libres de acoso, estableciendo normas comunes para promover la igualdad de trato, la dignidad y la no discriminación.

Por otra parte, las empresas no solo deben conocer estas leyes, sino también aplicar políticas de cumplimiento normativo (compliance) que aseguren la correcta gestión de los riesgos psicosociales relacionados con el acoso. Las Administraciones Públicas, igualmente, están sujetas a un marco específico que exige protocolos y actuaciones preventivas conforme a los principios de transparencia y equidad.

El conocimiento del marco normativo resulta, por tanto, indispensable para entender cómo se articula la responsabilidad legal y social de las organizaciones frente al acoso, y cómo deben actuar los distintos agentes —empleadores, trabajadores y autoridades— para garantizar entornos laborales seguros, respetuosos e inclusivos.

Objetivos

- Identificar la normativa nacional e internacional que regula la prevención y sanción del acoso laboral, sexual y por razón de sexo.

- Comprender las obligaciones legales que corresponden a las empresas y a las Administraciones Públicas en materia de prevención y actuación frente al acoso.
- Analizar la relación entre el cumplimiento normativo y la gestión preventiva, entendiendo la importancia del compliance en el entorno laboral.
- Reconocer las competencias y responsabilidades de los distintos organismos públicos y privados en la aplicación del marco jurídico.
- Aplicar los principios legales y éticos que garantizan la protección efectiva de las personas trabajadoras frente a cualquier forma de acoso.

2. Marco legal y normativo

El marco legal y normativo constituye la base sobre la que se sustentan todas las políticas y medidas de prevención del acoso laboral. La existencia de un sistema jurídico sólido permite no solo sancionar las conductas de acoso una vez ocurridas, sino, sobre todo, prevenir su aparición mediante la regulación y el cumplimiento efectivo de la normativa. En este contexto, tanto la legislación nacional como la internacional desempeñan un papel esencial al definir los derechos de los trabajadores, las obligaciones de las empresas y los mecanismos de protección ante situaciones de hostigamiento.

En España, el acoso laboral, sexual y por razón de sexo se aborda desde una perspectiva transversal en la normativa de igualdad, prevención de riesgos laborales y relaciones laborales, siendo el Estatuto de los Trabajadores, la Ley de Prevención de Riesgos Laborales, la Ley Orgánica 3/2007 para la igualdad efectiva de mujeres y hombres, y los convenios de la Organización Internacional del Trabajo (OIT) los principales referentes. A nivel europeo, diversas directivas y resoluciones refuerzan la obligación de los Estados miembros de garantizar entornos laborales libres de acoso, estableciendo normas comunes para promover la igualdad de trato, la dignidad y la no discriminación.

Por otra parte, las empresas no solo deben conocer estas leyes, sino también aplicar políticas de cumplimiento normativo (compliance) que aseguren la correcta gestión de los riesgos psicosociales relacionados con el acoso.

Fig. 1. El conocimiento del marco normativo no es solo una herramienta técnica, sino también una garantía ética de respeto, equidad y justicia dentro de las organizaciones

2.1. Legislación nacional e internacional sobre acoso en el ámbito laboral

El acoso en el ámbito laboral constituye una vulneración grave de los derechos fundamentales de las personas trabajadoras, especialmente del derecho a la dignidad, a la integridad moral y a la igualdad. Desde el punto de vista jurídico, el acoso no es únicamente una cuestión de convivencia o de gestión interna de los recursos humanos: es una conducta sancionable, regulada por un entramado normativo que combina legislación laboral, penal, administrativa y civil.

La importancia de este marco reside en que define las obligaciones legales de las empresas y administraciones públicas para prevenir, detectar y actuar ante cualquier situación de hostigamiento. Asimismo, otorga a las personas trabajadoras el derecho a reclamar, denunciar y recibir protección frente a estos comportamientos.

A. Legislación nacional sobre acoso laboral

España cuenta con un conjunto de normas que, de manera directa o indirecta, regulan el acoso en el entorno laboral. Estas normas conforman un sistema jurídico de protección integral frente a las distintas manifestaciones del acoso: moral, sexual o por razón de sexo.

Las principales referencias legales en el ordenamiento jurídico español son las siguientes:

- **Constitución Española (1978).** La Constitución establece el fundamento de todos los derechos que protegen a las personas frente al acoso. En particular:
  - El **artículo 10.1** reconoce la dignidad de la persona y los derechos inviolables que le son inherentes como fundamento del orden político y de la paz social.
  - El **artículo 14** consagra el principio de igualdad y no discriminación por razón de sexo, religión, opinión o cualquier otra condición o circunstancia personal o social.
  - El **artículo 15** protege el derecho a la integridad física y moral.

○ El **artículo 40.2** encomienda a los poderes públicos la promoción de una política orientada a la seguridad e higiene en el trabajo.

Estas disposiciones constituyen la base constitucional sobre la que se asientan las políticas preventivas frente al acoso.

- **Estatuto de los Trabajadores (Real Decreto Legislativo 2/2015).** El Estatuto de los Trabajadores, norma esencial de las relaciones laborales, recoge en su artículo 4.2.e) el derecho de las personas trabajadoras a su integridad física y a una adecuada política de seguridad e higiene. Asimismo, en su artículo 4.2.c), garantiza el respeto a la intimidad y la consideración debida a su dignidad, comprendida la protección frente al acoso.

Además, el artículo 54.2.g) califica como causa de despido disciplinario las ofensas verbales o físicas al empleador, a las compañeras o compañeros de trabajo, incluyendo las conductas de acoso sexual o por razón de sexo.

 Ejemplo

Si una persona en la empresa realiza comentarios humillantes reiterados hacia una compañera o compañero, afectando su autoestima y creando un entorno hostil, la organización no solo debe intervenir, sino que puede aplicar sanciones disciplinarias, ya que el Estatuto ampara el derecho a la dignidad y prohíbe estas conductas.

- **Ley 31/1995, de Prevención de Riesgos Laborales (LPRL).** El acoso laboral, sexual o por razón de sexo se considera un riesgo psicosocial que afecta a la salud mental y emocional de las personas trabajadoras. Por ello, la LPRL impone a las empresas la obligación de evaluar y prevenir todos los riesgos relacionados con la organización del trabajo, incluyendo aquellos derivados de la violencia psicológica o moral.

El **artículo 14** establece el derecho de las personas trabajadoras a una protección eficaz en materia de seguridad y salud en el trabajo, mientras que el

artículo 15 obliga a las empresas a aplicar los principios de acción preventiva, tales como evitar los riesgos o adaptarse a la persona trabajadora.

La jurisprudencia del Tribunal Supremo ha consolidado la idea de que el acoso psicológico constituye una infracción muy grave de la LPRL, ya que supone un atentado contra la dignidad de la persona y un riesgo para su salud integral.

Fig. 2. La prevención del acoso no puede limitarse a la elaboración de protocolos formales; la ley exige un enfoque activo, que incluya formación, sensibilización, evaluación de riesgos y medidas correctivas

- **Ley Orgánica 3/2007, para la igualdad efectiva de mujeres y hombres.**
Esta norma constituye un pilar fundamental en la lucha contra el acoso sexual y por razón de sexo. En su artículo 7, define con claridad ambas conductas:
  - **Acoso sexual:** cualquier comportamiento, verbal o físico, de naturaleza sexual que tenga el propósito o produzca el efecto de atentar contra la dignidad de una persona, en particular cuando se crea un entorno intimidatorio, degradante u ofensivo.
  - **Acoso por razón de sexo:** cualquier comportamiento realizado en función del sexo de una persona, con el propósito o efecto de atentar contra su dignidad o crear un entorno humillante o intimidatorio.

La ley obliga a las empresas a promover condiciones laborales que eviten el acoso y a arbitrar procedimientos específicos para su prevención y denuncia. En el caso de las empresas con más de 50 personas trabajadoras, el plan de igualdad debe incorporar medidas concretas para la prevención del acoso sexual y por razón de sexo.

legislación

La Ley 4/2023, para la igualdad real y efectiva de las personas trans y para la garantía de los derechos LGTBI, amplía la protección frente al acoso por orientación o identidad sexual, reforzando el deber de las empresas de crear entornos inclusivos y respetuosos.

- **Código Penal (Ley Orgánica 10/1995).** El acoso laboral puede tener consecuencias penales. En su artículo 173.1, el Código Penal castiga el acoso moral como delito contra la integridad moral, cuando una persona ejerce sobre otra de forma reiterada comportamientos hostiles o humillantes que supongan un grave acoso.

  Asimismo, el artículo 184 tipifica el acoso sexual como delito, imponiendo penas de prisión o multa según la gravedad de los hechos y el abuso de posición jerárquica.

  Este tratamiento penal subraya que el acoso no es una simple falta laboral o disciplinaria, sino una conducta delictiva que vulnera los derechos humanos fundamentales.

- **Ley General de la Seguridad Social (Real Decreto Legislativo 8/2015).** La Ley General de la Seguridad Social reconoce las secuelas del acoso como posibles contingencias profesionales. Si se demuestra que los daños psíquicos o físicos derivan de una situación de acoso en el trabajo, la persona afectada puede tener derecho a **prestaciones por accidente de trabajo o enfermedad profesional**, según la calificación que determine la autoridad laboral.

B. Legislación internacional y europea

La prevención del acoso laboral trasciende las fronteras nacionales. Diversos organismos internacionales —principalmente la Organización Internacional del Trabajo (OIT), la Unión Europea (UE) y el Consejo de Europa— han establecido normas y recomendaciones que obligan o inspiran a los Estados a garantizar un entorno laboral libre de violencia y discriminación.

Sus principales instrumentos son los siguientes:

- **Convenio 190 de la OIT sobre la violencia y el acoso (2019).** Adoptado en 2019, este convenio representa el primer tratado internacional vinculante que aborda de forma integral la violencia y el acoso en el mundo del trabajo. Define el acoso como un conjunto de comportamientos y prácticas inaceptables que tienen por objeto, o que pueden causar, daño físico, psicológico, sexual o económico.

  España ratificó este convenio en 2022, comprometiéndose a integrar sus disposiciones en la legislación nacional. Entre sus obligaciones se incluyen:
  o La adopción de políticas integrales de prevención.
  o La sensibilización y formación de todo el personal.
  o La protección de las víctimas y el acceso efectivo a la justicia.
  o La inclusión del acoso en la evaluación de riesgos laborales.

En países como Francia o Suecia, la transposición del Convenio 190 ha llevado a reforzar los mecanismos internos de denuncia anónima y el acompañamiento psicológico obligatorio en casos de acoso laboral.

- **Carta Social Europea y Convenio Europeo de Derechos Humanos.** Ambos textos, suscritos por España, garantizan el derecho a condiciones de trabajo equitativas y seguras, y la protección de la dignidad humana en el ámbito profesional.

Fig. 3. El Tribunal Europeo de Derechos Humanos (TEDH) ha establecido en su jurisprudencia que los Estados deben prevenir, investigar y sancionar los casos de acoso, pues su omisión vulnera el derecho a la integridad y al respeto a la vida privada

- **Directivas de la Unión Europea.** La UE ha aprobado diversas directivas que configuran el marco normativo de referencia para todos los Estados miembros. Entre ellas destacan:
  - **Directiva 2000/78/CE**, que establece un marco general para la igualdad de trato en el empleo y la ocupación.
  - **Directiva 2006/54/CE**, relativa a la aplicación del principio de igualdad de oportunidades e igualdad de trato entre mujeres y hombres en asuntos de empleo y ocupación.
  - **Directiva 89/391/CEE**, sobre la aplicación de medidas para promover la mejora de la seguridad y de la salud de las personas trabajadoras en el trabajo, base de la Ley de Prevención de Riesgos Laborales española.

Sus características principales son las que siguen:

Directiva	Año	Contenido esencial	Aplicación práctica
2000/78/CE	2000	Prohíbe la discriminación por religión, discapacidad, edad u orientación sexual.	Incluye el acoso como forma de discriminación indirecta.
2006/54/CE	2006	Promueve la igualdad de género en el empleo.	Obliga a los Estados a tipificar el acoso sexual y por razón de sexo.
89/391/CEE	1989	Introduce la prevención de riesgos laborales en la UE.	Integra el acoso como riesgo psicosocial que debe ser evaluado.

C. Armonización y coherencia entre niveles normativos

Uno de los retos más importantes en la prevención del acoso es la coherencia entre los marcos internacionales, europeos y nacionales. Las normas internacionales sirven como base y guía, pero su aplicación práctica depende de la transposición a las leyes estatales.

España ha avanzado en la alineación de su legislación con las normas europeas y con el Convenio 190 de la OIT, pero todavía existen desafíos relacionados con la coordinación entre los distintos niveles administrativos, la homogeneización de los protocolos y la formación efectiva en igualdad y prevención.

 Recuerda

La prevención del acoso debe entenderse como una obligación de resultado, no de mera intención: las empresas no solo deben tener políticas, sino demostrar su eficacia a través de indicadores, auditorías y revisiones periódicas.

La legislación nacional e internacional conforma un sistema interconectado de protección de la dignidad en el trabajo. Este sistema exige a las empresas, instituciones y administraciones públicas adoptar una postura activa y comprometida frente al acoso, integrando la prevención en todas las dimensiones de la gestión laboral.

Solo a través de la aplicación coherente de este marco normativo —sostenido en los principios de igualdad, respeto, justicia y reparación— es posible construir entornos laborales seguros, inclusivos y saludables, donde cada persona pueda desarrollar su actividad profesional libre de cualquier forma de violencia o discriminación.

2.2. Cumplimiento normativo y obligaciones de las empresas

El concepto de **cumplimiento normativo** —también conocido como *compliance*— hace referencia al conjunto de políticas, procedimientos y controles internos que las organizaciones adoptan para garantizar el respeto de la ley, los códigos éticos y las normas internas. En el ámbito de la prevención del acoso laboral, el cumplimiento normativo no se limita a evitar sanciones legales, sino que se configura como una obligación moral, social y empresarial orientada a proteger la dignidad, la salud y la igualdad de todas las personas trabajadoras.

Las empresas, tanto privadas como públicas, tienen la responsabilidad jurídica y social de prevenir, detectar y actuar ante cualquier forma de acoso laboral, sexual o por razón de sexo. El cumplimiento normativo no es una opción, sino una exigencia derivada de la legislación vigente —especialmente la Ley de Prevención de Riesgos Laborales, la Ley Orgánica 3/2007 y el Código Penal— y de los compromisos internacionales ratificados por España.

El cumplimiento efectivo de la normativa preventiva implica que la empresa debe actuar con **diligencia debida**, anticipándose a los riesgos, estableciendo medidas de control, capacitando a su personal y garantizando canales seguros de denuncia.

Anotación

El principio de diligencia debida obliga a las organizaciones a actuar de forma proactiva. No basta con tener un protocolo de acoso "por si acaso": deben implementarse medidas que prevengan activamente la aparición de situaciones de riesgo.

El marco legal impone a las organizaciones una serie de **obligaciones específicas** que aseguran la protección integral frente al acoso en todas sus manifestaciones. Estas obligaciones derivan tanto de la normativa estatal como de los compromisos internacionales ratificados por España.

Sus principales responsabilidades son las que siguen:

- **Evaluar los riesgos psicosociales** relacionados con el acoso, dentro de la evaluación general de riesgos laborales.
- **Adoptar medidas preventivas** adecuadas, incluyendo la formación, sensibilización y promoción del respeto en el trabajo.
- **Establecer protocolos de prevención y actuación** frente al acoso laboral, sexual o por razón de sexo, adaptados a la naturaleza y tamaño de la empresa.

- **Garantizar canales de denuncia confidenciales y seguros**, que protejan a la persona denunciante de represalias.
- **Investigar los hechos denunciados con imparcialidad**, respetando la presunción de inocencia y la dignidad de todas las partes.
- **Sancionar las conductas probadas de acoso**, aplicando el régimen disciplinario conforme al Estatuto de los Trabajadores y a los convenios colectivos.
- **Proporcionar apoyo psicológico, médico o jurídico** a las personas afectadas, especialmente en casos de acoso grave o reiterado.
- **Registrar y documentar todas las actuaciones** relacionadas con la prevención y gestión del acoso, como parte del sistema de cumplimiento normativo.
- **Revisar periódicamente el protocolo** para verificar su eficacia y adaptarlo a los cambios normativos o estructurales.

Ejemplo

Una empresa de servicios tecnológicos realiza anualmente una evaluación de riesgos psicosociales y detecta que el 20 % del personal percibe un clima de presión excesiva y desconfianza hacia la dirección. Ante ello, la empresa implementa una campaña de sensibilización, revisa sus procedimientos de comunicación interna y actualiza su protocolo de acoso.

Esta actuación no solo cumple con la ley, sino que fortalece la cultura organizacional y reduce la rotación de personal.

La **Ley 31/1995, de Prevención de Riesgos Laborales (LPRL)**, establece en su **artículo 14** el derecho de todas las personas trabajadoras a una protección eficaz frente a los riesgos derivados del trabajo. Este mandato incluye los riesgos psicosociales, como el estrés, el *burnout* o el acoso psicológico.

Según el **artículo 16**, la empresa debe evaluar estos riesgos y planificar la acción preventiva correspondiente, lo que implica analizar factores organizativos, estilos de liderazgo, cargas de trabajo y dinámicas interpersonales que puedan facilitar conductas de hostigamiento.

El incumplimiento de esta obligación puede acarrear sanciones administrativas graves, conforme al **Real Decreto Legislativo 5/2000**, que regula la Ley sobre Infracciones y Sanciones en el Orden Social (LISOS).

Anotación

La Inspección de Trabajo y Seguridad Social puede imponer sanciones que oscilan entre 40 € y 819.780 €, dependiendo de la gravedad del incumplimiento. Además, la empresa puede ser civilmente responsable de los daños ocasionados a la persona afectada.

El cumplimiento normativo no puede reducirse a un documento o a un protocolo formal. Requiere integrarse en la **cultura organizacional**, de manera que la ética, la igualdad y el respeto sean principios transversales en todas las decisiones empresariales.

Para ello, las empresas deben desarrollar un **sistema de gestión de cumplimiento** que incluya, al menos, los siguientes elementos:

Elemento del sistema de cumplimiento	Descripción	Finalidad
Compromiso de la dirección	Declaración formal y pública contra el acoso.	Garantizar la implicación del liderazgo.
Código ético y de conducta	Documento que recoge los valores y principios de convivencia.	Servir como guía para todas las personas trabajadoras.
Protocolos de prevención y actuación	Procedimientos claros para prevenir, denunciar y resolver casos.	Asegurar la respuesta rápida y justa ante posibles incidentes.
Canales de comunicación confidenciales	Sistemas de denuncia internos o externos.	Facilitar la comunicación segura de posibles casos.
Formación y sensibilización	Programas formativos periódicos.	Promover actitudes respetuosas y detectar señales de acoso.
Supervisión y auditoría	Evaluación periódica del cumplimiento normativo.	Comprobar la eficacia del sistema y mejorar las políticas.

 **Saber más**

La norma ISO 37301:2021 (Compliance Management Systems) ofrece un marco internacional para la implantación de sistemas de gestión del cumplimiento, adaptable a la prevención del acoso. Su aplicación en empresas medianas y grandes permite estructurar de forma certificable el compromiso ético y legal de la organización.

Desde la reforma del **Código Penal de 2010**, las personas jurídicas pueden ser penalmente responsables de los delitos cometidos en su seno, incluyendo el acoso sexual (art. 184) o el acoso moral (art. 173), cuando estos se produzcan como consecuencia de una falta de control o supervisión por parte de la empresa.

Esto implica que, si una organización carece de un sistema eficaz de prevención o no actúa ante denuncias de acoso, puede enfrentarse a sanciones que incluyen multas, suspensión de actividades, inhabilitación o incluso disolución.

Fig. 4. La única vía para eximirse o atenuar esta responsabilidad es demostrar la existencia de un modelo de prevención eficaz, implantado antes de la comisión del delito y supervisado por un órgano de control independiente (por ejemplo, un comité de ética o de cumplimiento)

 **Ejemplo**

Una entidad pública fue sancionada tras demostrarse que conocía casos de acoso reiterado en un departamento y no adoptó medidas para detenerlo. Aunque el acoso lo ejercía una persona concreta, la omisión institucional constituyó una responsabilidad corporativa por falta de diligencia debida.

El compromiso de la alta dirección y de los mandos intermedios es clave para el éxito de cualquier política de prevención. La normativa exige que estas figuras actúen como agentes activos del cumplimiento normativo, evitando conductas que puedan interpretarse como permisivas o negligentes.

Entre sus deberes destacan:

- Promover un clima de respeto e igualdad en sus equipos.
- Detectar y comunicar de inmediato posibles situaciones de acoso.
- Colaborar en los procesos de investigación interna.
- Garantizar la confidencialidad y protección de las personas involucradas.
- Participar en la formación continua en prevención del acoso y liderazgo ético.

Ejemplo

Una jefa de equipo observa comportamientos despectivos hacia una persona recién incorporada. En lugar de ignorarlo, comunica la situación al área de recursos humanos, activa el protocolo interno y ofrece apoyo a la persona afectada.

Su actuación evita la escalada del conflicto y demuestra el valor del liderazgo preventivo.

La formación en materia de acoso no es una recomendación, sino una **obligación legal derivada de la LPRL y de la Ley de Igualdad**. Toda persona con responsabilidades jerárquicas o de representación laboral debe recibir formación específica sobre prevención, detección y gestión de situaciones de acoso.

Esta formación debe incluir:

- Conceptos jurídicos básicos sobre acoso.
- Procedimientos de denuncia y actuación.
- Consecuencias legales y disciplinarias.
- Comunicación empática y resolución de conflictos.
- Perspectiva de género e inclusión.

La formación continua refuerza el cumplimiento normativo y contribuye a crear una cultura de respeto y seguridad emocional dentro de la organización.

El cumplimiento normativo requiere una **comunicación interna transparente**, que garantice que todas las personas de la organización conocen sus derechos y deberes. Las políticas y protocolos deben estar accesibles, ser comprensibles y difundirse mediante canales claros: intranet corporativa, tablones digitales, sesiones informativas o boletines internos.

La transparencia refuerza la confianza, reduce la desinformación y evita rumores que puedan deteriorar el clima laboral.

 Anotación

Una política de prevención es ineficaz si las personas trabajadoras desconocen su existencia o no confían en los mecanismos de denuncia. La confianza se construye con claridad, coherencia y ejemplos reales de actuación justa.

El cumplimiento normativo no es estático. Las empresas deben establecer mecanismos de **seguimiento y evaluación periódica**, de forma que se pueda comprobar la eficacia real de sus políticas y detectar oportunidades de mejora.

Este proceso de mejora continua incluye:

1. Auditorías internas y externas del sistema de cumplimiento.
2. Evaluación de la aplicación del protocolo de acoso.
3. Encuestas de clima laboral y percepción de respeto.
4. Revisión de las denuncias presentadas y su resolución.
5. Actualización de los procedimientos conforme a cambios normativos.

La mejora continua no solo cumple con la normativa, sino que consolida una cultura organizacional basada en la ética, la prevención y la corresponsabilidad.

Recuerda

El cumplimiento normativo en materia de acoso laboral constituye un compromiso integral entre legalidad, ética y cultura organizacional. No basta con cumplir la letra de la ley; se requiere interiorizar sus principios y traducirlos en prácticas reales que protejan a las personas, fortalezcan la cohesión del equipo y consoliden la reputación de la organización.

Solo cuando las empresas comprenden que la prevención del acoso es parte de su gestión estratégica y de su responsabilidad social, pueden garantizar entornos laborales verdaderamente seguros, inclusivos y dignos.

3. Prevención del acoso en el ámbito laboral. Políticas y compromisos empresariales

La prevención del acoso en el ámbito laboral constituye una de las responsabilidades esenciales de las organizaciones modernas, no solo por imperativo legal, sino como parte de su compromiso ético y social. En este sentido, las empresas están llamadas a crear entornos laborales seguros, inclusivos y respetuosos, donde la dignidad y la igualdad de todas las personas sean valores inquebrantables.

El acoso laboral, en cualquiera de sus formas —psicológico, sexual o por razón de sexo—, vulnera derechos fundamentales como la integridad moral, la salud y la igualdad de oportunidades. Por ello, la prevención no debe entenderse únicamente como una reacción ante los casos detectados, sino como una estrategia proactiva que identifique riesgos, promueva la sensibilización y establezca mecanismos eficaces de detección y actuación.

La aplicación de políticas internas adecuadas, la formación del personal y la existencia de protocolos de actuación claros permiten consolidar una cultura organizacional preventiva, en la que tanto directivos como trabajadores comprendan la gravedad del acoso y actúen de manera coherente ante cualquier indicio del mismo. En este marco, el compromiso empresarial se convierte en un pilar básico: la dirección debe liderar la prevención desde la transparencia, la comunicación interna y la tolerancia cero hacia cualquier forma de violencia o discriminación.

3.1. Análisis y detección de necesidades de actuación ante el acoso en la empresa

Toda estrategia de **prevención del acoso laboral** debe iniciarse con un proceso de análisis y diagnóstico que permita conocer la realidad interna de la organización. Antes de diseñar políticas o protocolos, resulta indispensable identificar los factores de riesgo presentes, las posibles carencias estructurales y las percepciones del personal sobre el clima laboral.

El **análisis organizacional** es, por tanto, el punto de partida para cualquier intervención efectiva. Su objetivo no es únicamente detectar casos existentes, sino **anticipar** posibles situaciones de conflicto o desequilibrio relacional que puedan derivar en comportamientos de acoso o violencia psicológica.

Fig. 5. El diagnóstico debe ser un proceso participativo e inclusivo, que incorpore la voz de todas las personas trabajadoras, sin distinción de categoría profesional, edad, sexo o antigüedad; escuchar es, en este sentido, la primera herramienta preventiva

El análisis no se limita a la recopilación de datos cuantitativos (número de incidencias, rotación de personal, absentismo), sino que debe integrar también indicadores cualitativos relacionados con la cultura organizacional, la comunicación interna, la igualdad efectiva y la gestión emocional de los equipos.

El acoso laboral no surge de manera espontánea; suele estar vinculado a determinados **factores estructurales, organizativos o relacionales**. Comprenderlos permite anticipar y neutralizar los posibles escenarios de riesgo. Sus características son las que siguen:

Tipo de factor	Descripción	Ejemplo de manifestación
Estructurales	Se relacionan con la organización del trabajo, la jerarquía o la distribución de poder.	Excesiva concentración de autoridad en una sola persona, falta de transparencia en las decisiones.
Relacionales	Afectan a la comunicación y convivencia entre las personas trabajadoras.	Clima hostil, rumores, aislamiento de ciertos perfiles, burlas o lenguaje sexista.
Culturales	Tienen que ver con los valores y normas informales que rigen el comportamiento colectivo.	Tolerancia a los comentarios humillantes o "bromas" ofensivas como parte del ambiente laboral.
De género	Asociados a la desigualdad, los estereotipos o la discriminación sexual.	Falta de mujeres en puestos de decisión, invisibilización o minusvaloración de su trabajo.
Psicosociales	Derivados de la carga mental o emocional del empleo.	Estrés continuado, objetivos inalcanzables, ambigüedad de rol o competitividad excesiva.

Ejemplo

Una empresa con gran presión por resultados y una comunicación jerárquica vertical puede generar un entorno donde el personal directivo utilice el miedo o la humillación como herramienta de control. Aunque no se produzca una denuncia formal, ese ambiente ya constituye un riesgo psicosocial que requiere intervención.

El diagnóstico efectivo debe combinar diferentes **instrumentos de análisis**, de modo que se obtenga una visión completa de la situación. Estos métodos pueden agruparse en tres niveles complementarios:

- **Revisión documental y normativa:** consiste en analizar políticas internas, códigos éticos, convenios colectivos o planes de igualdad existentes. Permite conocer si la organización ya cuenta con mecanismos preventivos y si estos son suficientes.

- **Métodos cuantitativos:** incluyen encuestas de clima laboral, cuestionarios de evaluación psicosocial y análisis de datos internos (absentismo, rotación, sanciones, etc.).

- **Métodos cualitativos:** comprenden entrevistas, grupos focales y buzones de comunicación confidencial, que ayudan a identificar percepciones y experiencias personales.

La detección de necesidades debe realizarse de forma **periódica**, no solo ante la aparición de conflictos. Las revisiones anuales o bienales facilitan la adaptación continua de las medidas preventivas, incorporando los cambios organizativos o sociales que se produzcan.

La prevención del acoso no puede delegarse únicamente en el departamento de recursos humanos o en la dirección. Implica un compromiso transversal que abarca a todos los niveles jerárquicos. Cada persona, desde su puesto, contribuye a construir un ambiente de respeto.

La **alta dirección** debe liderar el proceso, dotando de recursos, visibilidad y legitimidad a las acciones preventivas. Los mandos intermedios tienen un papel clave en la detección temprana, ya que suelen ser quienes mantienen el contacto directo con los equipos. Por su parte, el personal trabajador debe sentirse partícipe del proceso, comprendiendo que la prevención no es vigilancia, sino protección colectiva.

Ejemplo

En una empresa del sector servicios, el equipo de supervisión detectó un aumento de bajas médicas por ansiedad en un departamento concreto. Tras entrevistas confidenciales, se identificó que el problema se debía a un estilo de liderazgo autoritario. La intervención se centró en formación en liderazgo ético y comunicación no violenta, lo que redujo las incidencias en un 70 % en seis meses.

Una parte esencial del análisis consiste en medir el **clima organizacional** y la **cultura preventiva**. Estos conceptos, aunque complementarios, hacen referencia a aspectos distintos:

- El **clima laboral** refleja la percepción inmediata de las personas sobre el ambiente de trabajo, la comunicación o la equidad.

- La **cultura preventiva**, en cambio, implica valores más profundos: el compromiso con la seguridad, la justicia organizacional y la dignidad de las personas.

Sus principales dimensiones son las que siguen:

Dimensión evaluada	Aspectos clave a valorar	Indicadores posibles
Confianza institucional	Grado de credibilidad de la dirección y de los protocolos existentes.	Conocimiento del personal sobre los canales de denuncia, percepción de imparcialidad.
Participación y comunicación	Espacios reales de diálogo y escucha activa.	Frecuencia de reuniones, accesibilidad a superiores, uso de lenguaje inclusivo.
Equidad e inclusión	Percepción de trato igualitario y oportunidades justas.	Representación de grupos diversos, promoción interna sin sesgos.
Gestión emocional y bienestar	Capacidad de la organización para atender la salud psicosocial.	Disponibilidad de servicios de apoyo psicológico o mediación.

Anotación

Evaluar la cultura preventiva implica también observar los símbolos y rituales cotidianos: cómo se gestionan los errores, cómo se celebra el éxito o si el humor es respetuoso. Estos detalles revelan con frecuencia más que los informes formales.

Una detección eficaz de necesidades depende en gran medida de la **comunicación interna**. Si las personas empleadas no confían en los canales de comunicación o temen represalias, los casos de acoso o riesgo permanecerán ocultos.

Fig. 6. Las empresas deben garantizar vías seguras, confidenciales y accesibles para expresar preocupaciones o incidentes

Entre los sistemas más habituales se encuentran:

- **Buzones confidenciales**, físicos o digitales, gestionados por personal independiente.
- **Personas de confianza o figuras de referencia** (por ejemplo, "personas mediadoras" formadas en igualdad y prevención del acoso).
- **Líneas éticas o de integridad**, disponibles de manera anónima y externa a la organización.

 **Ejemplo**

Una empresa tecnológica implementó un canal digital de denuncias anónimo, que permitió detectar comentarios sexistas en un grupo interno de mensajería. Gracias a ello, se revisaron las normas de comunicación interna y se impartió formación en lenguaje inclusivo y convivencia digital.

El reto consiste en **construir confianza**: que las personas sepan que comunicar una situación problemática no implicará consecuencias negativas, sino una oportunidad de mejora.

La detección precoz es esencial para evitar que un conflicto cotidiano evolucione en un caso de acoso. Algunas señales de alerta pueden pasar desapercibidas si no se presta atención.

Entre ellas destacan:

- **Cambios en el comportamiento**: aislamiento repentino, pérdida de motivación o silencio prolongado en reuniones.
- **Indicadores de salud**: incremento de bajas por estrés o ansiedad.
- **Fluctuaciones en la productividad**: descensos notables sin causa aparente.
- **Rumores o comentarios reiterados** sobre el trato de una persona o grupo.
- **Evitar determinados espacios o personas** dentro del lugar de trabajo.

Diversos estudios en psicología laboral indican que, en promedio, un caso de acoso tarda **más de un año** en hacerse visible desde los primeros indicios. La sensibilización de los equipos permite acortar ese tiempo y reducir el daño.

Una vez recopilada toda la información, la organización debe elaborar un **informe de diagnóstico** que sirva de base para las políticas y protocolos de prevención. Este documento debe incluir:

- Un resumen de los métodos utilizados y la participación del personal.
- Un análisis de los factores de riesgo detectados y su priorización.
- Una evaluación del clima laboral y de la cultura preventiva.
- Recomendaciones y propuestas de mejora, clasificadas por nivel de urgencia.

Este informe debe ser compartido con la dirección y con la representación de las personas trabajadoras, garantizando la **transparencia y la confidencialidad** de los datos personales. Solo de este modo podrá convertirse en una herramienta útil para la toma de decisiones.

Anotación

No basta con identificar problemas; el verdadero valor del diagnóstico radica en convertir los hallazgos en acción preventiva, evitando la repetición de patrones o la cronificación del malestar.

El análisis y detección de necesidades de actuación frente al acoso no es un trámite administrativo, sino un **proceso vivo de observación, diálogo y mejora continua**. Representa el primer paso hacia una organización más justa, saludable y humana, donde la prevención no se limite a cumplir con la ley, sino que se asuma como una expresión de respeto y cuidado colectivo.

Fig. 7. El diagnóstico preventivo permite mirar hacia dentro con honestidad, reconocer los propios desafíos y fortalecer la confianza de las personas en la empresa

3.2. Desarrollo de políticas internas para la detección, eliminación y prevención del acoso laboral

Una vez realizado el diagnóstico de la situación interna, el siguiente paso es **diseñar y consolidar políticas internas** que sirvan como marco de actuación para prevenir el acoso en todas sus manifestaciones. Estas políticas deben traducir en acciones concretas los valores de igualdad, respeto, diversidad y justicia organizacional, garantizando un entorno laboral libre de violencia, discriminación o intimidación.

La política interna contra el acoso no es un documento simbólico, sino una herramienta normativa y operativa. Define las responsabilidades, procedimientos, sanciones y canales de comunicación que rigen la convivencia en la empresa. Además, refleja el compromiso de la dirección con la protección de los derechos fundamentales de todo el personal, independientemente de su sexo, edad, orientación sexual, identidad de género, origen étnico, condición física o mental, religión o cualquier otra característica personal.

Anotación

La política interna debe alinearse con los principios de la Ley Orgánica 3/2007 para la igualdad efectiva de mujeres y hombres y con la Ley 31/1995 de Prevención de Riesgos Laborales, que exige integrar la prevención del acoso dentro de la gestión global de la seguridad y la salud en el trabajo.

Toda política preventiva sólida debe sustentarse en un conjunto de **principios rectores** que orienten su redacción, aplicación y evaluación. Sus principales fundamentos son los que siguen:

1. **Tolerancia cero** frente al acoso o cualquier forma de violencia o discriminación.
2. **Respeto a la dignidad de las personas**, como eje central de la convivencia.
3. **Confidencialidad** en todas las fases del proceso de denuncia e investigación.
4. **Garantía de no represalia** para quien comunique de buena fe una situación de acoso.
5. **Participación activa** de toda la plantilla en la construcción de un entorno saludable.
6. **Imparcialidad y transparencia** en la gestión de los conflictos.
7. **Enfoque preventivo y educativo**, priorizando la sensibilización y la formación continua.
8. **Inclusión y perspectiva de género**, asegurando la igualdad de trato y oportunidades.

Ejemplo

Una empresa del sector tecnológico incluyó en su política interna un compromiso explícito de no contratar ni colaborar con proveedores que toleren conductas discriminatorias. Este principio de coherencia ética fortaleció la credibilidad del documento y su impacto social.

El contenido de una política interna de prevención del acoso debe adaptarse a la realidad y tamaño de la empresa, pero, en términos generales, debería incluir los siguientes apartados fundamentales:

Sección	Contenido esencial
Preámbulo o declaración institucional	Manifiesta el compromiso de la dirección y los valores de respeto, equidad y diversidad.
Ámbito de aplicación	Especifica a quiénes se aplica: personal laboral, directivo, de prácticas, proveedores o personas colaboradoras.
Definiciones y tipología del acoso	Describe claramente qué se considera acoso laboral, sexual o por razón de sexo, evitando ambigüedades.
Derechos y deberes	Determina las responsabilidades de la empresa, las personas trabajadoras y sus representantes.
Medidas preventivas y de sensibilización	Establece acciones de formación, comunicación y cultura preventiva.
Procedimiento de denuncia y actuación	Explica los canales, plazos y garantías del proceso.
Régimen disciplinario	Define las consecuencias de las conductas probadas de acoso, según la normativa vigente.
Seguimiento y revisión	Fija mecanismos de evaluación periódica de la eficacia de la política.

Anotación

Un error frecuente en las organizaciones es aprobar políticas "formales" que luego no se comunican ni aplican. La prevención exige coherencia: las políticas deben vivirse, no archivarse.

Para que la política sea efectiva, su **diseño debe ser participativo**. Incluir a las personas trabajadoras y a sus representantes en la elaboración garantiza mayor legitimidad, identificación y compromiso colectivo.

Las fases recomendadas para su diseño participativo son las siguientes:

1. **Constitución de un grupo de trabajo** formado por representantes de la empresa, personal técnico de prevención, comité de igualdad, recursos humanos y delegados o delegadas sindicales.
2. **Recopilación de información** procedente del diagnóstico previo y de las buenas prácticas existentes.

3. **Elaboración del borrador** de la política, integrando las aportaciones de todos los sectores.
4. **Validación y aprobación formal** por la dirección.
5. **Difusión y comunicación interna**, asegurando que todo el personal conozca su contenido.

 **Saber más**

Diversas guías del Instituto de la Mujer y para la Igualdad de Oportunidades (IMIO) recomiendan utilizar lenguaje inclusivo en la redacción de las políticas, evitando expresiones genéricas masculinas y garantizando la representación de todas las identidades.

La prevención del acoso debe formar parte de la **gestión estratégica de la empresa**. No se trata de un documento aislado, sino de una política transversal que incide en áreas como los recursos humanos, la salud laboral, la comunicación, la formación o la responsabilidad social corporativa (RSC).

Su integración puede lograrse mediante acciones como:

- Incluir la política dentro del **Plan de Igualdad** o del **Sistema de Gestión de la Prevención de Riesgos Laborales**.
- Incorporar indicadores específicos sobre convivencia y respeto en las **evaluaciones de desempeño**.
- Establecer objetivos preventivos dentro de la **planificación estratégica anual**.
- Alinear la política con los **Objetivos de Desarrollo Sostenible (ODS)**, especialmente el ODS 5 (igualdad de género) y el ODS 8 (trabajo decente y crecimiento económico).

 **Ejemplo**

Una cadena hotelera integró su política contra el acoso en su sistema de calidad ISO 9001 y en su plan de igualdad. Esto le permitió auditar anualmente el cumplimiento de los compromisos y detectar posibles desviaciones.

El desarrollo de políticas internas carece de sentido si no se acompaña de una **formación sistemática** dirigida a todas las personas que integran la organización. La sensibilización es el pilar más fuerte de la prevención: genera conocimiento, empatía y responsabilidad compartida.

La formación debe abordar contenidos como:

- Concepto, tipos y manifestaciones del acoso laboral, sexual o por razón de sexo.
- Consecuencias psicosociales del acoso.
- Procedimientos de comunicación, denuncia y actuación.
- Herramientas de comunicación asertiva y gestión emocional.
- Perspectiva de género y diversidad.
- Cultura de respeto y lenguaje inclusivo.

Sus características principales son las que siguen:

Tipo de formación	Público objetivo	Enfoque metodológico
Formación inicial	Personal de nueva incorporación	Integrar la política de prevención en la inducción laboral.
Formación continua	Toda la plantilla	Talleres presenciales o virtuales con dinámicas participativas.
Formación específica	Mandos intermedios, responsables de recursos humanos o personas mediadoras	Profundización en detección temprana, liderazgo ético y gestión de conflictos.

 Anotación

La formación debe ser evaluada en términos de impacto: no basta con medir asistencia, sino comprobar cambios de comportamiento y mejora del clima organizacional.

Una política eficaz es aquella que **toda la plantilla conoce y comprende**. Por ello, la comunicación interna es un elemento esencial.

Fig. 8. La comunicación debe garantizar que la información esté disponible, accesible y adaptada a diferentes soportes y perfiles de personas

Algunas estrategias de comunicación son:

- Publicación visible de la política en espacios comunes y en la intranet corporativa.
- Envío de boletines electrónicos con recordatorios de los canales de denuncia y medidas de apoyo.
- Inclusión de mensajes clave en campañas de comunicación interna o en eventos corporativos.
- Difusión mediante cartelería inclusiva y mensajes visuales que refuercen los valores de respeto.
-

 Ejemplo

En una cooperativa agroalimentaria, se colocaron infografías en las zonas de descanso con mensajes como "Aquí nos tratamos con respeto" o "El acoso no tiene cabida". Esta acción simple fortaleció el sentido de pertenencia y la vigilancia colectiva frente a conductas inapropiadas.

Las políticas internas no son documentos estáticos; deben ser revisadas periódicamente para evaluar su **eficacia real** y adaptarse a los cambios normativos u organizacionales.

La revisión debe incluir indicadores cualitativos y cuantitativos, tales como:

1. Número de denuncias o consultas registradas.

2. Tiempo medio de resolución de los casos.
3. Nivel de satisfacción de las personas implicadas.
4. Resultados de encuestas de clima laboral.
5. Participación en actividades de sensibilización.

El seguimiento puede realizarlo un **comité mixto de igualdad y prevención**, encargado de elaborar informes anuales con propuestas de mejora. Este mecanismo asegura la transparencia y refuerza la credibilidad de la política frente al conjunto de la plantilla.

En el ámbito europeo, muchas organizaciones utilizan la metodología **PDCA (Plan, Do, Check, Act)**, propia de los sistemas de calidad, para estructurar la mejora continua en las políticas de prevención del acoso. Este enfoque permite planificar, ejecutar, evaluar y reajustar las acciones de forma cíclica.

A pesar de la buena voluntad institucional, existen **barreras frecuentes** que dificultan la puesta en práctica efectiva de las políticas preventivas. Entre ellas:

- Falta de implicación directiva o liderazgo incoherente.
- Escasa comunicación interna o desconocimiento de los procedimientos.
- Desconfianza del personal hacia los canales de denuncia.
- Enfoque meramente formal centrado en el cumplimiento normativo sin acompañamiento real.
- Resistencia cultural al cambio o normalización de conductas inapropiadas.

Ejemplo

En una empresa industrial, la política interna fue aprobada sin acompañarla de sesiones informativas. Al cabo de un año, la mayoría del personal desconocía su existencia. La solución fue crear un plan de comunicación y nombrar "personas embajadoras de respeto" en cada área de trabajo.

El desarrollo de políticas internas para la prevención del acoso constituye un **proceso estructural de transformación organizacional**. No se trata únicamente de cumplir una obligación legal, sino de construir un entorno laboral basado en la ética, la corresponsabilidad y la empatía.

Cuando las políticas son participativas, visibles y sostenidas por la formación continua, se convierten en una **garantía de bienestar y justicia interna**. La empresa deja de ser un espacio potencial de conflicto para convertirse en una comunidad donde las diferencias se respetan y la dignidad se protege.

En definitiva, prevenir el acoso desde las políticas internas es sembrar confianza: confianza en la palabra, en los procedimientos y en la convicción de que ninguna forma de violencia es tolerable.

4. Protocolo y plan de actuación frente al acoso laboral, acoso sexual y/o por razón de sexo en el entorno laboral

La prevención y erradicación del acoso en el ámbito laboral no se limita a la sensibilización o a la existencia de normas generales de comportamiento. Para que una organización garantice un entorno seguro, equitativo y respetuoso, es imprescindible contar con protocolos y planes de actuación específicos que establezcan con claridad los procedimientos de denuncia, investigación y resolución de los casos de acoso.

Un protocolo de acoso laboral constituye una herramienta fundamental dentro de la política preventiva de la empresa. Su función principal es detectar, intervenir y corregir situaciones de acoso, ofreciendo una vía formal y confidencial para que las víctimas o testigos puedan comunicar hechos y recibir una respuesta adecuada. Este documento, además, contribuye a reforzar la cultura de respeto y tolerancia cero hacia cualquier forma de violencia o discriminación.

En la actualidad, la implantación de estos protocolos se ha convertido en una obligación legal y ética para las empresas. La normativa española —reforzada por la Ley Orgánica 3/2007 para la igualdad efectiva de mujeres y hombres, la Ley de Infracciones y Sanciones del Orden Social, y la Ley de Prevención de Riesgos Laborales— exige la adopción de medidas preventivas concretas que incluyan planes de igualdad y protocolos frente al acoso sexual y por razón de sexo.

4.1. Características y ámbito de aplicación del protocolo

El protocolo de actuación frente al acoso laboral, sexual o por razón de sexo constituye un instrumento operativo dentro del sistema de prevención de riesgos psicosociales de las organizaciones. No se trata únicamente de un documento formal, sino de un mecanismo de garantía y protección frente a las conductas que vulneran la dignidad, la integridad física o emocional y los derechos fundamentales de las personas trabajadoras.

Su diseño, aprobación e implementación requieren un enfoque integral, que contemple tanto la prevención como la intervención temprana ante situaciones de riesgo, y que actúe en coherencia con los valores de igualdad, respeto y corresponsabilidad que deben regir toda cultura organizativa moderna.

El protocolo de acoso es una herramienta preventiva y reactiva. Desde la perspectiva preventiva, su existencia busca anticipar las situaciones de riesgo, informar y sensibilizar a toda la plantilla sobre las conductas no toleradas y ofrecer vías claras de actuación. En su vertiente reactiva, establece los procedimientos formales de denuncia, investigación y resolución de los casos, garantizando la confidencialidad, imparcialidad y protección de todas las personas implicadas.

Estas dos dimensiones —preventiva y reactiva— deben coexistir en equilibrio. Un protocolo que solo actúe una vez producido el daño será ineficaz; del mismo modo, un documento sin mecanismos de respuesta carecerá de utilidad práctica.

Recuerda

En la legislación española, las empresas con personas trabajadoras están obligadas a disponer de un protocolo de acoso sexual y por razón de sexo, en cumplimiento del artículo 48 de la Ley Orgánica 3/2007, de 22 de marzo, para la igualdad efectiva de mujeres y hombres, así como a desarrollar actuaciones preventivas frente a cualquier forma de acoso moral, conforme a la Ley de Prevención de Riesgos Laborales (Ley 31/1995).

El protocolo frente al acoso laboral y sexual debe reunir una serie de características esenciales que aseguren su eficacia jurídica, operativa y humana. Sus características son las que siguen:

- **Carácter obligatorio y universal:** todas las organizaciones, con independencia de su tamaño, sector o naturaleza jurídica, deben contar con un protocolo adaptado a su estructura y recursos.
- **Enfoque preventivo y no punitivo:** su finalidad no es sancionar de entrada, sino prevenir, proteger y restablecer el bienestar en el entorno de trabajo.
- **Accesibilidad y comprensión:** debe estar **redactado en un lenguaje claro, inclusivo y no técnico**, comprensible para toda la plantilla, evitando ambigüedades.
- **Difusión y comunicación interna:** ha de difundirse entre todas las personas trabajadoras y ser fácilmente accesible (por ejemplo, en el portal interno o tablón de anuncios).
- **Imparcialidad y objetividad:** las personas responsables de su aplicación deben actuar sin prejuicios, garantizando la **presunción de inocencia y el derecho de defensa**.
- **Confidencialidad absoluta:** la protección de la identidad de las partes es un principio esencial, tanto para evitar represalias como para garantizar un clima de confianza.
- **Protección integral:** incluye medidas de acompañamiento psicológico, jurídico y laboral tanto para la persona denunciante como para la denunciada, evitando daños colaterales.
- **Temporalidad definida:** cada fase del procedimiento (admisión, investigación, resolución) debe contar con **plazos máximos** de respuesta, que impidan demoras innecesarias.

- **Evaluación periódica:** el protocolo debe revisarse y actualizarse regularmente para adaptarse a la realidad de la empresa y a los cambios normativos.

En una empresa de 200 personas trabajadoras, el protocolo establece que las denuncias deben ser atendidas por una Comisión de Prevención del Acoso, formada por representantes de la dirección, del comité de personas trabajadoras y por una persona experta externa en igualdad. Este equilibrio entre partes internas y externas refuerza la neutralidad y legitimidad del procedimiento.

El **ámbito de aplicación** de un protocolo de acoso define a quiénes protege, en qué contextos y ante qué conductas. No debe limitarse únicamente a las personas con contrato laboral indefinido, sino incluir todas las formas de vinculación con la organización.

Por tanto, el protocolo se aplica a:

- **Personas trabajadoras** de cualquier categoría profesional o modalidad contractual (indefinidas, temporales, en prácticas, becarias, etc.).
- **Personas externas vinculadas** al entorno laboral, como personal subcontratado, de empresas proveedoras o de servicios auxiliares.
- **Personas en formación o prácticas**, así como voluntariado o alumnado en centros con convenios de colaboración.
- **Personas visitantes o clientela**, cuando las conductas de acoso provengan o se dirijan hacia ellas dentro del ámbito de la organización.

Fig. 9. Su aplicación no se restringe al espacio físico de trabajo, sino que se extiende a todos los entornos donde se desarrollen actividades profesionales: reuniones externas, viajes de trabajo, eventos corporativos o espacios digitales (plataformas internas, redes sociales o comunicación telemática corporativa)

 Anotación

El acoso a través de medios digitales (mensajes, correos, plataformas de mensajería o redes sociales laborales) se reconoce hoy como una de las manifestaciones más complejas de detectar y tratar. El protocolo debe contemplar específicamente estas situaciones, estableciendo criterios sobre la obtención de pruebas digitales y la protección de datos personales.

Para garantizar la eficacia del documento, es fundamental que se **delimiten claramente las conductas** que pueden ser consideradas acoso. Estas pueden clasificarse en tres grandes grupos:

1. **Acoso laboral o psicológico (mobbing):** comportamientos hostiles o humillantes, reiterados en el tiempo, que buscan aislar o degradar profesionalmente a una persona.
2. **Acoso sexual:** cualquier comportamiento verbal, no verbal o físico de naturaleza sexual que tenga como objeto o efecto vulnerar la dignidad de una persona.
3. **Acoso por razón de sexo o de género:** conductas basadas en el sexo, identidad o expresión de género que generen un entorno intimidatorio, degradante u ofensivo.

El protocolo debe incluir ejemplos orientativos que sirvan de guía a la plantilla.

Ejemplo

En un caso de acoso laboral, una trabajadora recibe de su superior comentarios constantes descalificándola frente a sus compañeras, le asignan tareas inferiores a su cualificación y se le excluye de reuniones relevantes.

En un caso de acoso sexual, un compañero envía mensajes con connotaciones sexuales insistentes a otra persona, pese a sus negativas expresas.

En un acoso por razón de sexo, un empleado trans es objeto de burlas continuas sobre su identidad por parte de un grupo de trabajo.

No todas las situaciones conflictivas en el trabajo constituyen acoso. Por ello, el protocolo debe incluir criterios de exclusión, diferenciando las conductas de acoso de otras actuaciones legítimas de la gestión laboral, como:

- **Discrepancias profesionales** o conflictos puntuales entre personas trabajadoras, siempre que se mantenga el respeto mutuo.
- **Ejercicio razonable de la dirección**, como la asignación de tareas, control de resultados o aplicación de medidas disciplinarias, siempre que no impliquen humillación o abuso.
- **Situaciones derivadas del estrés laboral o sobrecarga de trabajo**, que deben abordarse desde la prevención de riesgos psicosociales, pero no constituyen acoso por sí mismas.

Anotación

Diferenciar entre conflicto laboral y acoso es esencial para evitar tanto injusticias hacia las personas denunciadas como impunidad frente a conductas graves. Un buen protocolo debe establecer herramientas de mediación previa cuando la situación no cumpla los criterios de acoso.

El protocolo no puede funcionar de forma aislada; debe integrarse dentro del sistema de gestión de prevención de riesgos laborales y de igualdad de la empresa. Esto implica que su diseño y aplicación deben coordinarse con:

- El Plan de Igualdad, en empresas donde sea obligatorio.

- La Evaluación de riesgos psicosociales.
- El Código ético o de conducta corporativo.
- Los canales internos de denuncia y el comité de seguridad y salud laboral.

Esta integración permite una visión sistémica de la prevención, donde cada herramienta refuerza a las demás.

En una cooperativa de servicios sociales, el protocolo frente al acoso se encuentra vinculado al Plan de Igualdad y al Código Ético. Cada año, la cooperativa realiza una sesión formativa obligatoria donde se repasan los principios del protocolo, se presentan casos reales y se actualizan las vías de contacto del equipo de referencia. Esta integración facilita la prevención activa y la implicación colectiva.

Un protocolo bien diseñado debe garantizar que todas las personas — independientemente de su jerarquía, antigüedad, origen, identidad de género, orientación sexual, edad o condición— estén igualmente protegidas. Este principio de universalidad se complementa con la equidad, que reconoce las diferencias y necesidades específicas de ciertos grupos.

La aplicación con enfoque de interseccionalidad es fundamental: una mujer migrante, una persona con discapacidad o un trabajador LGTBIQ+ pueden estar expuestos a múltiples formas de discriminación. El protocolo debe tener en cuenta esta realidad y ofrecer medidas específicas de acompañamiento y protección.

En síntesis, el protocolo de actuación frente al acoso debe concebirse como un marco normativo y operativo, transversal a toda la política empresarial. Es un reflejo del compromiso institucional con la igualdad, la justicia y el bienestar psicosocial en el trabajo. Su correcta aplicación no solo previene vulneraciones, sino que fortalece la cohesión, la confianza y la responsabilidad compartida dentro de la organización.

4.2. Objetivos y principios fundamentales de la implementación del protocolo

La implementación de un protocolo frente al acoso laboral, sexual y/o por razón de sexo no debe entenderse como un mero trámite administrativo o un requisito formal que cumplir ante la legislación vigente. Es, en realidad, una declaración activa de compromiso de la organización con los valores de igualdad, respeto, seguridad y justicia.

Este protocolo se convierte en una herramienta de gestión ética y preventiva, que busca transformar la cultura interna de la empresa y garantizar que las relaciones laborales se desarrollen en un entorno donde todas las personas —independientemente de su identidad, sexo, orientación sexual, edad, origen, discapacidad o posición jerárquica— puedan ejercer sus funciones con dignidad, tranquilidad y equidad.

A continuación, se abordan los **objetivos generales y específicos** que justifican la existencia del protocolo, así como los principios rectores que deben guiar su puesta en marcha y funcionamiento.

El protocolo cumple varias finalidades que actúan de manera interrelacionada: prevenir, detectar, intervenir, reparar y mejorar. Estos objetivos no se limitan a la actuación ante casos concretos, sino que abarcan toda la dinámica organizativa.

Sus objetivos principales son los que siguen:

1. **Prevenir la aparición de conductas de acoso**, promoviendo una cultura de respeto mutuo, sensibilización y comunicación asertiva.
2. **Establecer procedimientos claros y accesibles** para denunciar y abordar posibles casos de acoso dentro del entorno laboral.
3. **Garantizar la protección integral de las personas implicadas**, evitando la revictimización, las represalias o el deterioro de la salud emocional.
4. **Asegurar la confidencialidad y la imparcialidad** durante todo el proceso, protegiendo la privacidad y los derechos de todas las partes.
5. **Favorecer la intervención temprana**, reduciendo los daños individuales y colectivos mediante una gestión ágil de las denuncias o quejas.

6. **Cumplir con la normativa nacional e internacional**, en especial con la Ley Orgánica 3/2007 para la igualdad efectiva de mujeres y hombres, la Ley 31/1995 de Prevención de Riesgos Laborales, el Estatuto de los Trabajadores y los convenios de la OIT.

7. **Promover la reparación del daño**, tanto a nivel individual (a la persona afectada) como organizacional, mediante medidas correctivas y restaurativas.

8. **Evaluar y mejorar continuamente** el funcionamiento del protocolo y las políticas de igualdad y prevención asociadas.

Anotación

La adopción de un protocolo no solo responde a una obligación legal, sino también a una estrategia de responsabilidad social corporativa (RSC). Las empresas que demuestran tolerancia cero frente al acoso refuerzan su reputación, atraen y retienen talento, y proyectan confianza hacia clientes, instituciones y sociedad.

Desde un punto de vista técnico, el protocolo persigue objetivos diferenciados según el momento de intervención:

- **En la fase preventiva:**
  - Sensibilizar y formar al personal sobre las distintas formas de acoso y sus consecuencias.
  - Fomentar la comunicación abierta y el respeto como valores institucionales.
  - Integrar la perspectiva de igualdad y diversidad en todas las políticas internas.

- **En la fase reactiva:**
  - Ofrecer canales seguros y confidenciales para presentar quejas o denuncias.
  - Establecer un procedimiento transparente de investigación.
  - Garantizar una resolución justa y medidas adecuadas de protección o sanción.

Estas dos dimensiones —preventiva y reactiva— deben articularse de forma coherente para que el protocolo tenga **eficacia real** y no se reduzca a una simple formalidad documental.

Ejemplo

En una empresa del sector tecnológico, el protocolo establece que, además de los canales formales de denuncia, existen espacios de mediación preventiva gestionados por personal de confianza con formación en igualdad y salud laboral. Gracias a esta medida, el 70 % de los conflictos se resuelven antes de derivar en casos de acoso, reforzando el clima laboral.

La eficacia del protocolo depende en gran medida de los **principios rectores** que guíen su elaboración, implantación y aplicación. Estos principios garantizan que las actuaciones sean coherentes con los valores de justicia, equidad y respeto institucional. Los principales principios son los que se indican a continuación:

- **Tolerancia cero**: ninguna forma de acoso —sea verbal, física, psicológica o digital— será aceptada ni justificada. Este principio debe ser explícito en las políticas internas y respaldado por la dirección.
- **Dignidad y respeto a la persona**: todas las personas tienen derecho a trabajar en un entorno libre de humillación o discriminación. El protocolo debe centrarse en proteger la dignidad humana por encima de cualquier interés corporativo.
- **Confidencialidad y discreción**: las actuaciones derivadas de una denuncia deben desarrollarse bajo estricta reserva, protegiendo la intimidad y el bienestar emocional de las personas implicadas.
- **Imparcialidad y objetividad**: las personas encargadas de aplicar el protocolo deben actuar sin conflicto de intereses, basándose exclusivamente en los hechos comprobados.
- **Protección frente a represalias**: el protocolo debe garantizar que ninguna persona sufra consecuencias adversas por haber presentado una denuncia o participado en la investigación.
- **Celeridad y proporcionalidad**: las actuaciones deben desarrollarse con rapidez y con respuestas proporcionales a la gravedad de los hechos, evitando dilaciones que agraven el daño.

- **Escucha activa y acompañamiento**: se debe asegurar un trato empático, sin juicios ni cuestionamientos de la persona denunciante.
- **Perspectiva de género e interseccionalidad**: reconocer las desigualdades estructurales y la interacción de distintos factores de discriminación (sexo, género, edad, origen, discapacidad, orientación sexual, etc.).
- **Legalidad y seguridad jurídica**: todo el proceso debe ajustarse a las normativas vigentes en materia laboral, de igualdad, protección de datos y prevención de riesgos.
- **Mejora continua y aprendizaje institucional**: la experiencia obtenida de cada caso debe utilizarse para revisar políticas, reforzar la formación y mejorar el clima laboral.

Ejemplo

Una empresa que implementa su protocolo de acoso introduce el principio de escucha activa como elemento obligatorio en la primera entrevista con la persona denunciante. De este modo, la conversación se centra en comprender el impacto emocional y las necesidades inmediatas de apoyo, más allá de los hechos formales. Esta práctica refuerza la confianza en la institución.

Además de los principios éticos, existen principios operativos que garantizan la viabilidad y sostenibilidad del protocolo dentro del sistema empresarial:

- **Integración institucional:** el protocolo debe estar alineado con el Plan de Igualdad, el reglamento interno y el sistema de prevención de riesgos psicosociales.
- **Formación y sensibilización continua:** todas las personas trabajadoras, especialmente quienes ocupan puestos de mando, deben recibir formación periódica sobre acoso, igualdad y trato respetuoso.
- **Participación activa:** el diseño e implementación deben involucrar a la representación legal de las personas trabajadoras y, cuando sea posible, al conjunto de la plantilla.
- **Evaluación y transparencia:** los resultados y aprendizajes derivados de los casos deben analizarse de manera agregada y confidencial, para mejorar las políticas y prevenir futuras incidencias.

 **Anotación**

La participación sindical y del personal técnico de prevención o igualdad es un factor decisivo. Su intervención asegura que el protocolo no quede limitado a la dirección, sino que se construya de manera colectiva y corresponsable.

Ningún protocolo puede funcionar sin un compromiso real de la dirección.

Fig. 10. El compromiso debe ser visible, sostenido y traducirse en recursos, tiempo y formación

No basta con aprobar un documento: es preciso liderar con el ejemplo.

El equipo directivo debe:

- Difundir una declaración pública de tolerancia cero hacia el acoso.
- Asegurar que las vías de denuncia sean seguras, conocidas y accesibles.
- Designar a las personas responsables de aplicar el protocolo, garantizando su independencia y capacitación.
- Promover una cultura organizativa basada en la igualdad, el respeto y la comunicación empática.

Ejemplo

Una cooperativa del sector sociosanitario acompaña su protocolo con un Plan de Liderazgo Ético, mediante el cual todas las personas con responsabilidad de coordinación deben realizar una formación anual de 8 horas sobre gestión emocional y resolución no violenta de conflictos. De esta manera, se refuerza el principio de coherencia entre discurso y práctica.

La implementación del protocolo no recae exclusivamente en la dirección ni en los departamentos de recursos humanos. La **responsabilidad colectiva** es clave para crear entornos laborales libres de acoso.

Cada persona trabajadora debe asumir su parte en la prevención y actuación, lo que implica:

- Conocer el contenido del protocolo.
- Denunciar o comunicar cualquier conducta inapropiada de la que sea testigo.
- Evitar la pasividad o la complicidad mediante el silencio.
- Contribuir a mantener un entorno basado en la cooperación y el respeto.

Anotación

El silencio ante el acoso no es neutralidad, sino una forma de permitir que la situación continúe. El protocolo debe incluir medidas de protección también para las personas testigos, fomentando la confianza y la implicación activa.

Para comprobar si los principios se aplican de forma efectiva, la organización debe incorporar **indicadores de seguimiento**.

Algunos ejemplos de indicadores pueden ser:

Dimensión evaluada	Indicador propuesto	Frecuencia de revisión
Difusión y conocimiento del protocolo	% de personas que conocen el protocolo (según encuestas internas)	Anual
Accesibilidad del canal de denuncia	Tiempo medio de respuesta inicial	Semestral
Formación y sensibilización	Número de sesiones formativas realizadas y nivel de satisfacción	Anual
Confidencialidad y trato digno	Evaluación de percepción de seguridad y respeto por parte de las personas usuarias del protocolo	Trienal
Mejora continua	Actualizaciones realizadas y nuevas medidas adoptadas	Según revisión de casos

Ejemplo

Una empresa del sector educativo detectó, a través de estos indicadores, que solo el 60 % de la plantilla conocía el protocolo de acoso. Como resultado, se implantó una campaña interna llamada "Cuidar el respeto", que incrementó el conocimiento al 95 % en seis meses.

Los objetivos y principios fundamentales del protocolo configuran su base ética y funcional. Un protocolo eficaz no solo protege, sino que educa, transforma y cohesiona. Es una herramienta de garantía de derechos, de cultura organizativa saludable y de madurez social, donde el respeto se convierte en norma y la igualdad en práctica cotidiana.

4.3. Etapas del protocolo

La eficacia de un protocolo frente al acoso laboral, sexual o por razón de sexo depende no solo de su contenido normativo, sino también de la claridad y precisión en las etapas que lo componen. Estas etapas permiten que la organización actúe de forma ordenada, transparente y equitativa ante cualquier denuncia o sospecha de acoso, asegurando que se cumplan los principios de celeridad, confidencialidad, imparcialidad y protección.

El protocolo debe concebirse como un circuito de actuación estructurado, que parte de la prevención y sensibilización, pasa por la detección y denuncia, continúa con la investigación y resolución, y culmina con la evaluación y mejora continua.

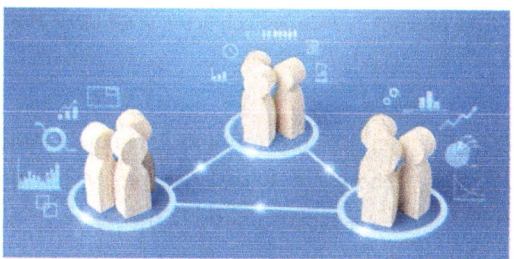

Fig. 11. Cada una de estas etapas requiere una coordinación efectiva entre la dirección, los servicios de prevención, la representación de las personas trabajadoras y las figuras designadas para la gestión del protocolo

A. Etapa de prevención y sensibilización

El primer pilar del protocolo es la **prevención**, que busca evitar la aparición de situaciones de acoso antes de que se produzcan. Esta etapa tiene carácter permanente y debe integrarse dentro de las políticas de igualdad, bienestar y seguridad laboral de la organización.

Las acciones preventivas más habituales son las que siguen:

- **Difusión del protocolo** entre todas las personas trabajadoras, mediante reuniones informativas, manuales de acogida, intranet o tablones corporativos.
- **Formación periódica** en igualdad, comunicación no violenta y gestión del conflicto. Esta formación debe adaptarse a los distintos niveles jerárquicos.
- **Campañas de sensibilización** sobre las consecuencias del acoso y la importancia de denunciar conductas inapropiadas.
- **Evaluación de riesgos psicosociales**, con especial atención a las dinámicas de poder, presión o exclusión.
- **Creación de canales seguros de comunicación** que permitan expresar malestar sin miedo a represalias.

Una empresa del sector sanitario organiza cada año un taller titulado "El respeto también se aprende", donde se analizan situaciones reales de acoso y se enseñan estrategias de comunicación asertiva. Esta práctica reduce los conflictos y refuerza la empatía en el entorno laboral.

La prevención no solo se basa en acciones formativas; implica también liderazgo ético por parte de la dirección, coherencia entre discurso y práctica, y modelos de comportamiento positivo que se transmiten desde los equipos directivos hacia toda la plantilla.

B. Etapa de detección y comunicación del acoso

Cuando la prevención no ha sido suficiente y surgen indicios de acoso, se activa la etapa de **detección y comunicación**. Esta fase es crucial porque marca el momento en que la organización toma conocimiento de una posible vulneración.

La detección puede producirse de varias formas:

- **Denuncia formal:** presentada por la persona afectada mediante el procedimiento establecido en el protocolo.
- **Comunicación informal o consulta confidencial:** la persona puede expresar sus dudas o malestar sin formalizar una denuncia, buscando orientación o apoyo.
- **Observación directa:** cuando una persona testigo o responsable percibe conductas inapropiadas y lo comunica al área competente.

El protocolo debe ofrecer canales accesibles, confidenciales y seguros. Estos canales pueden incluir correo electrónico específico, buzón confidencial, plataforma digital o contacto directo con la persona o comisión responsable.

Anotación

Se recomienda que exista una persona de referencia (por ejemplo, una persona delegada de igualdad o de prevención) con formación especializada, capaz de atender a la persona denunciante con empatía, sin emitir juicios y garantizando la reserva de la información.

La fase de comunicación finaliza con la **admisión o no admisión a trámite** de la denuncia. Si los hechos descritos no encajan en la definición de acoso, se pueden derivar a otros procedimientos internos, como mediación laboral o gestión de conflictos.

C. Etapa de investigación

La investigación es la etapa más delicada y técnica del protocolo. En ella se analiza la veracidad de los hechos y se recaban pruebas o testimonios para emitir una conclusión.

El procedimiento de investigación debe desarrollarse conforme a criterios de objetividad, imparcialidad y respeto a la presunción de inocencia, evitando cualquier trato discriminatorio hacia las partes.

Generalmente, la investigación se lleva a cabo por una **Comisión de Prevención o Comisión Investigadora**, integrada de forma paritaria y con presencia equilibrada entre la empresa y la representación legal de las personas trabajadoras. Esta comisión debe recibir formación específica en igualdad, acoso y gestión ética de conflictos.

Las principales fases internas de la investigación son las que siguen:

1. **Constitución formal de la comisión investigadora.**
2. **Recopilación de información:** entrevistas, revisión de documentos, correos o mensajes, y cualquier otra evidencia pertinente.
3. **Declaración de las partes:** tanto la persona denunciante como la denunciada deben ser escuchadas por separado, en condiciones de respeto y confidencialidad.
4. **Toma de testimonio de posibles personas testigo.**

5. **Análisis y valoración de las pruebas:** ponderando los indicios, la coherencia de los relatos y la gravedad de las conductas.
6. **Elaboración del informe final**, donde se exponen los hechos constatados, la evaluación de las pruebas y las conclusiones.

Ejemplo

En una empresa de transporte, una trabajadora denuncia acoso verbal por parte de su superior. La comisión investigadora analiza los mensajes de chat, entrevista a tres personas testigo y constata un patrón reiterado de humillaciones. El informe concluye que existe acoso psicológico, proponiendo sanción disciplinaria y apoyo psicológico a la víctima.

La comisión debe concluir su investigación en un **plazo razonable**, habitualmente no superior a 30 días naturales, salvo causas justificadas. Los retrasos pueden agravar la situación de la persona afectada y afectar la credibilidad institucional.

D. Etapa de resolución

Una vez finalizada la investigación, la comisión o el órgano competente emite una **resolución motivada**, que debe incluir:

- Las **conclusiones** sobre la existencia o no de acoso.
- Las **recomendaciones de actuación** (medidas disciplinarias, formativas, de acompañamiento, etc.).
- Las **propuestas de mejora** para evitar la repetición de los hechos.

En esta etapa, la organización debe adoptar medidas proporcionadas y justas. Si se acredita el acoso, las sanciones deben estar alineadas con el régimen disciplinario del convenio colectivo y con el principio de proporcionalidad.

Además de las sanciones, pueden establecerse medidas complementarias:

- **Reubicación temporal o definitiva** de las partes.

- **Apoyo psicológico** a la persona afectada.
- **Formación obligatoria** en igualdad o sensibilización para el personal implicado.
- **Revisión de dinámicas de grupo o liderazgo** si el acoso se vincula a malas prácticas estructurales.

Ejemplo

En un centro educativo, un docente que ejerce conductas intimidatorias hacia una compañera recibe una sanción de suspensión de empleo durante 15 días, además de participar en un programa formativo sobre comunicación respetuosa. Esta medida busca corregir sin estigmatizar, reforzando la prevención futura.

Es fundamental comunicar la resolución a las partes implicadas, manteniendo la reserva informativa sobre los detalles del proceso. Asimismo, la empresa debe garantizar que la persona afectada no sufra represalias posteriores.

E. Etapa de seguimiento y acompañamiento

Una vez emitida la resolución, se abre una fase de **seguimiento**, destinada a verificar la eficacia de las medidas adoptadas y el bienestar de las personas implicadas.

El seguimiento se materializa en reuniones o entrevistas periódicas con la persona afectada y con los responsables de la unidad de trabajo, a fin de comprobar que no se repiten conductas inadecuadas ni se producen situaciones de aislamiento o venganza.

Las acciones más habituales son las que siguen:

- Revisión del clima laboral tras la intervención.
- Evaluación de la reincorporación y adaptación de la persona afectada.
- Actualización del informe final con observaciones del seguimiento.
- Refuerzo de la comunicación y del apoyo psicológico.

La supervisión debe prolongarse durante un tiempo prudencial (por ejemplo, seis meses), adaptándose a la gravedad del caso. El objetivo no es el control, sino la reparación y restablecimiento del equilibrio relacional en el entorno laboral.

F. Etapa de evaluación y mejora continua

Finalmente, el protocolo debe someterse a un proceso de **evaluación periódica**, orientado a medir su eficacia y detectar posibles debilidades. Esta etapa garantiza que el sistema se mantenga vivo, actualizado y adaptado a los cambios normativos y organizativos.

Algunos indicadores que se pueden emplear para evaluar la eficacia del protocolo son:

Dimensión	Indicador propuesto	Método de evaluación	Periodicidad
Prevención	Número de acciones formativas realizadas y grado de participación	Registro interno	Anual
Confianza en el sistema	Porcentaje de denuncias presentadas de forma formal frente a informal	Análisis de casos	Anual
Tiempo de respuesta	Promedio de días desde la denuncia hasta la resolución	Seguimiento de expedientes	Semestral
Satisfacción de las personas usuarias	Valoración anónima de la atención recibida	Encuesta confidencial	Bienal
Impacto organizacional	Reducción de conflictos reiterados en áreas críticas	Evaluación de clima laboral	Trienal

 Ejemplo

Una entidad pública detectó que el tiempo medio de resolución de casos era de 60 días, el doble de lo previsto. Tras la evaluación, amplió la comisión de investigación con una figura suplente, lo que redujo el plazo a 28 días, mejorando la percepción de eficacia del protocolo.

Fig. 12. La evaluación debe incluir un informe global anual, presentado ante la dirección y la representación de las personas trabajadoras, en el que se propongan medidas de mejora y actualización del protocolo

Para facilitar la comprensión de su estructura, el protocolo puede representarse de manera esquemática, como se muestra a continuación:

Etapa	Finalidad principal	Actores implicados
Prevención y sensibilización	Evitar la aparición de conductas de acoso	Dirección, RR. HH., Servicio de Prevención, Plantilla
Detección y comunicación	Canalizar la información sobre posibles casos	Personas trabajadoras, delegaciones de igualdad o prevención
Investigación	Analizar los hechos y emitir conclusiones objetivas	Comisión investigadora, asesoría jurídica o técnica
Resolución	Determinar las medidas correctoras o sanciones	Dirección, RR. HH., representantes legales
Seguimiento y acompañamiento	Garantizar la protección y el restablecimiento del clima laboral	Comisión de seguimiento, responsables de área
Evaluación y mejora continua	Revisar y optimizar la eficacia del protocolo	Dirección, representación laboral, área de igualdad

Cada etapa del protocolo se relaciona con las demás. La prevención eficaz reduce la necesidad de intervenciones reactivas; la investigación rigurosa fortalece la confianza en el sistema; y la evaluación continua alimenta la mejora de la prevención.

Por tanto, el protocolo debe considerarse como un ciclo dinámico de gestión ética, donde la responsabilidad y la cooperación son compartidas entre la empresa y toda su plantilla.

La implementación de las etapas del protocolo debe contemplar los principios de transparencia, seguridad jurídica, equidad y cuidado emocional, asegurando que el procedimiento no solo resuelva casos, sino que promueva una verdadera cultura organizacional libre de acoso.

4.4. Implementación y ejecución del protocolo

Una vez diseñado y aprobado, el protocolo frente al acoso laboral, sexual o por razón de sexo debe ser implantado y ejecutado de manera efectiva dentro de la organización. Su valor no reside únicamente en la redacción del documento, sino en la puesta en práctica real de sus procedimientos, responsabilidades y recursos.

La implementación exige una planificación rigurosa, una comunicación transparente y una implicación activa de todos los niveles jerárquicos. El protocolo debe integrarse de forma transversal en la cultura organizativa, vinculándose con los sistemas de prevención de riesgos laborales, igualdad de oportunidades y ética corporativa.

Antes de iniciar la aplicación del protocolo, es necesario que la empresa realice una preparación estructurada. Esta fase previa garantiza que, al ponerse en marcha, el procedimiento sea operativo, conocido y aceptado por todas las personas implicadas.

Las principales acciones preparatorias son las siguientes:

- **Aprobación formal del protocolo.** El documento debe ser validado por la dirección y, cuando proceda, por la representación legal de las personas trabajadoras. En las empresas obligadas a elaborar un **Plan de Igualdad**, el protocolo debe integrarse como anexo o instrumento complementario.
- **Designación de personas responsables.** Es indispensable nombrar a las personas o comisiones que gestionarán el protocolo. Deben contar con formación específica en igualdad, gestión de conflictos y confidencialidad.
- **Dotación de recursos humanos y materiales.** El protocolo requiere medios suficientes: espacio para entrevistas, soporte informático seguro, canales de comunicación confidenciales y asesoramiento psicológico o jurídico externo si es necesario.

- **Elaboración de un plan de comunicación interna.** La plantilla debe conocer la existencia del protocolo, sus objetivos, los canales de denuncia y las personas de contacto. La información debe difundirse en todos los centros de trabajo y adaptarse a distintos formatos (cartelería, intranet, guías, vídeos explicativos, etc.).
- **Capacitación inicial.** Toda persona con responsabilidad de supervisión, dirección o recursos humanos debe recibir formación sobre el contenido del protocolo y su aplicación práctica.

Anotación

La implementación exitosa del protocolo requiere un enfoque participativo. Involucrar desde el principio a las delegaciones sindicales, al comité de seguridad y salud y al personal técnico de prevención refuerza su legitimidad y eficacia.

La ejecución del protocolo implica la colaboración de distintos actores que asumen funciones complementarias. Sus roles más importantes son los que siguen:

Agente o figura	Funciones principales
Dirección o gerencia	Garantizar los recursos, aprobar medidas disciplinarias y velar por el cumplimiento legal.
Personas responsables del protocolo / Comisión de Acoso	Recibir denuncias, investigar los hechos y proponer medidas.
Departamento de Recursos Humanos	Aplicar medidas laborales derivadas del proceso y proteger la confidencialidad.
Representación legal de las personas trabajadoras	Acompañar y asesorar a las personas implicadas, velando por el respeto de los derechos laborales.
Servicio de Prevención y Área de Igualdad	Coordinar el protocolo con el sistema de PRL y el Plan de Igualdad.
Toda la plantilla	Conocer el protocolo, respetar sus principios y denunciar o comunicar conductas contrarias al mismo.

Ejemplo

En una empresa del sector logístico, la comisión responsable del protocolo está compuesta por dos personas designadas por la dirección, una representante sindical y una experta externa en igualdad. La presencia externa aporta neutralidad y perspectiva técnica, fortaleciendo la confianza de la plantilla en el procedimiento.

La difusión del protocolo es una etapa esencial de su implementación. La falta de información o de accesibilidad puede convertir el documento en un instrumento ineficaz.

Algunas estrategias recomendadas son:

- Publicar el protocolo en la intranet corporativa, con una versión descargable y un resumen explicativo.
- Realizar sesiones informativas presenciales o virtuales para explicar los pasos del procedimiento.
- Incorporar su contenido en el manual de acogida para nuevas incorporaciones.
- Utilizar materiales visuales inclusivos y lenguaje no sexista.
- Promover campañas anuales de sensibilización bajo lemas institucionales (por ejemplo, "En esta empresa, el respeto no se negocia").

 Ejemplo

Una entidad pública lanza cada marzo una campaña con el lema "#TrabajamosConRespeto", acompañada de vídeos cortos con testimonios de personal diverso. Esta acción no solo recuerda la existencia del protocolo, sino que refuerza la imagen de una institución comprometida con la igualdad.

Una vez implementado, el protocolo debe poder activarse de manera efectiva ante cualquier sospecha, denuncia o situación de acoso.

Fig. 13. El procedimiento operativo suele seguir un esquema secuencial

Sus fases principales son las siguientes:

1. **Recepción de la denuncia o comunicación.** La persona afectada o cualquier testigo puede presentar la denuncia por escrito, verbalmente o a través del canal designado.

2. **Admisión a trámite.** La comisión responsable evalúa si los hechos relatados encajan en la definición de acoso. En caso contrario, se deriva la situación a otros mecanismos (por ejemplo, mediación).

3. **Medidas cautelares.** Si existen indicios razonables de acoso, pueden adoptarse medidas de protección temporales: cambio de puesto, horarios o suspensión de contacto entre las partes.

4. **Investigación formal.** Se recaban pruebas, se realizan entrevistas y se elabora un informe con conclusiones y recomendaciones.

5. **Resolución y comunicación de medidas.** La dirección adopta decisiones disciplinarias o preventivas y comunica la resolución a las partes.

6. **Seguimiento posterior.** Se supervisa el cumplimiento de las medidas y se evalúa el clima laboral.

Recuerda

Este proceso debe ser ágil y humanizado. No se trata de un procedimiento burocrático, sino de una actuación que afecta al bienestar y la dignidad de las personas. La empatía, el respeto y la neutralidad son imprescindibles en cada paso.

Para garantizar que el protocolo funcione correctamente, la organización debe cumplir una serie de requisitos técnicos y organizativos.

Entre ellos destacan los siguientes:

- **Confidencialidad de la información:** toda la documentación se custodiará en archivos restringidos, físicos o digitales, con acceso limitado al personal autorizado.

- **Trazabilidad documental:** se mantendrá un registro interno de las actuaciones realizadas, fechas y responsables, garantizando la integridad de la información.

- **Protección de datos personales:** el tratamiento de información deberá cumplir el Reglamento (UE) 2016/679 (RGPD) y la Ley Orgánica 3/2018 de Protección de Datos Personales y garantía de los derechos digitales.
- **Formación continua del personal responsable:** las personas que gestionen el protocolo deben actualizar sus conocimientos en legislación, igualdad y psicología del trabajo.
- **Evaluación de los riesgos derivados:** el Servicio de Prevención debe analizar los factores psicosociales implicados y proponer medidas de mejora.

Muchas empresas optan por crear un canal de denuncias digital cifrado. Este medio permite garantizar anonimato inicial, registro automático y trazabilidad, en cumplimiento del artículo 31 bis del Código Penal sobre responsabilidad penal de las personas jurídicas.

La ejecución del protocolo debe integrarse con el resto de los instrumentos de gestión interna. Esta coordinación evita duplicidades y refuerza la coherencia organizacional.

Las principales áreas de conexión son:

1. **Prevención de riesgos laborales:** el protocolo se relaciona con la gestión de riesgos psicosociales y la promoción de entornos saludables.
2. **Plan de Igualdad:** en empresas obligadas, el protocolo forma parte del bloque de medidas para prevenir el acoso sexual y por razón de sexo.
3. **Código ético o de conducta:** los valores expresados en el protocolo deben estar reflejados en la cultura corporativa y las normas internas de comportamiento.
4. **Compliance y canales de denuncia interna:** la ley sobre protección de las personas que informen sobre infracciones (Ley 2/2023) exige coherencia entre estos canales y los protocolos de acoso.
5. **Plan de formación y desarrollo profesional:** se debe incluir la prevención del acoso como competencia transversal para todas las personas trabajadoras.

Ejemplo

Una multinacional del sector industrial ha unificado su protocolo de acoso con el canal interno de denuncias de su sistema de *compliance*. Así, todas las comunicaciones se centralizan en una plataforma digital común, gestionada con criterios éticos y técnicos, mejorando la trazabilidad y la transparencia.

Durante la ejecución del protocolo, es esencial establecer mecanismos de **seguimiento operativo** que aseguren su cumplimiento y mejoren la eficacia de la intervención.

Algunas medidas de seguimiento pueden ser:

- **Reuniones periódicas** de la comisión responsable para revisar casos abiertos y nuevos indicios.
- **Informes trimestrales o semestrales** sobre denuncias recibidas, resoluciones y tiempos de respuesta (respetando la confidencialidad).
- **Encuestas internas** para evaluar la percepción del personal sobre la eficacia y confianza en el protocolo.
- **Auditorías internas** o externas cada cierto tiempo para verificar la calidad del procedimiento.

Ejemplo

Un ayuntamiento incorpora un sistema de control interno mediante auditorías bianuales de igualdad y acoso, en las que se revisan procedimientos, entrevistas y la percepción del clima laboral. Los resultados se publican de forma agregada en su informe de transparencia institucional.

Durante la puesta en práctica del protocolo, pueden surgir **dificultades operativas o resistencias culturales** que obstaculicen su correcta aplicación.

Entre los obstáculos más frecuentes se encuentran:

Obstáculo detectado	Consecuencia	Estrategia de superación
Falta de formación del personal directivo	Aplicación incorrecta o pasividad ante el acoso	Programas de capacitación obligatoria anual
Temor a represalias por parte de las víctimas	Baja tasa de denuncias	Garantizar anonimato y comunicación empática
Minimización del problema por parte de la dirección	Pérdida de credibilidad del protocolo	Incorporar objetivos de igualdad en la estrategia corporativa
Exceso de burocracia en el procedimiento	Desmotivación y lentitud	Simplificar formularios y plazos
Carencia de recursos técnicos	Incoherencia en la ejecución	Dotar presupuesto específico y apoyo externo

Para superar las resistencias internas, la dirección debe ejercer un **liderazgo visible** y coherente. Las acciones simbólicas —como difundir mensajes institucionales o compartir resultados positivos— refuerzan la confianza en la política de tolerancia cero.

La ejecución del protocolo culmina con la **evaluación de resultados y la comunicación de aprendizajes**. Esta fase permite que la organización avance hacia una cultura preventiva más madura y participativa.

Los principales productos de esta fase son:

- **Informe anual de ejecución**, con datos globales (sin identificación de personas).
- **Recomendaciones para el próximo periodo**, derivadas de las incidencias observadas.
- **Integración de mejoras** en la formación, liderazgo o clima organizacional.
- **Reconocimiento institucional** de buenas prácticas internas.

 Ejemplo

Una empresa del sector tecnológico elabora un informe de resultados del protocolo y, a partir de él, diseña un Plan de Cultura del Respeto 2025, con acciones de *mentoring*, talleres sobre lenguaje inclusivo y medidas para reducir sesgos inconscientes. El protocolo deja de ser una herramienta reactiva para convertirse en un eje estratégico de transformación organizacional.

Finalmente, la sostenibilidad del protocolo depende de que su ejecución se base en una serie de **claves prácticas**, que garanticen su permanencia en el tiempo:

1. **Apoyo institucional continuo**, no vinculado a una persona concreta sino al compromiso organizativo.
2. **Actualización normativa y técnica**, adaptando el protocolo a cada reforma legislativa o cambio social.
3. **Gestión emocional de los procesos**, ofreciendo apoyo psicológico y evitando la revictimización.
4. **Comunicación clara y empática**, con mensajes inclusivos y sin lenguaje técnico excesivo.
5. **Evaluación anual participativa**, con implicación de toda la estructura laboral.

Recuerda

Un protocolo solo es efectivo si se vive dentro de la organización. Su ejecución debe ser coherente con los valores declarados, con un enfoque de cuidado mutuo, justicia restaurativa y corresponsabilidad colectiva.

En síntesis, la **implementación y ejecución del protocolo** constituyen el momento decisivo en el que los compromisos éticos se traducen en acciones concretas. Un protocolo activo no solo protege a las personas trabajadoras, sino que fortalece la cultura del respeto, la confianza institucional y la salud organizacional, pilares esenciales de cualquier empresa moderna y socialmente responsable.

Resumen

El acoso en el ámbito laboral constituye una de las formas más graves de vulneración de la dignidad y los derechos fundamentales de las personas trabajadoras. Se trata de un conjunto de comportamientos hostiles, reiterados y prolongados en el tiempo, cuyo propósito o efecto es degradar el entorno de trabajo, desestabilizar emocionalmente a la persona afectada o forzar su exclusión. A diferencia de los conflictos laborales comunes, el acoso se caracteriza por un desequilibrio de poder, una intencionalidad lesiva y un impacto sostenido sobre la salud física y psicológica.

Desde el punto de vista jurídico y social, el reconocimiento del acoso es relativamente reciente. Durante siglos, las relaciones laborales se basaron en jerarquías rígidas que legitimaban la humillación o la presión como parte del trabajo. Fue en la segunda mitad del siglo XX cuando, gracias a la psicología del trabajo y a la consolidación de los derechos sociales, se comenzó a estudiar el fenómeno desde una perspectiva científica. El psicólogo sueco Heinz Leymann fue pionero al introducir el término mobbing en los años ochenta, describiéndolo como una forma de violencia psicológica repetida que podía derivar en graves daños emocionales y laborales. Desde entonces, la noción de acoso se ha extendido a nivel internacional, incorporando también dimensiones como el acoso sexual o el acoso por razón de sexo.

El acoso laboral adopta múltiples formas y puede manifestarse a través de distintos niveles jerárquicos. El acoso vertical descendente o bossing ocurre cuando una persona con poder jerárquico ejerce maltrato hacia una subordinada o subordinado. El acoso ascendente, menos frecuente, tiene lugar cuando un grupo hostiga a su superior, y el acoso horizontal se produce entre personas del mismo nivel, generalmente en contextos de competencia o conflicto interno. También existe el acoso institucional o estructural, vinculado a prácticas organizativas que toleran o promueven entornos de presión y exclusión, y el ciberacoso laboral, derivado de la expansión del trabajo digital y la conectividad constante.

En función de su naturaleza, el acoso puede ser psicológico, físico, sexual o digital. El acoso psicológico o moral, el más común, se ejerce mediante tácticas de desprecio, aislamiento, manipulación o ridiculización. El acoso físico implica agresiones o amenazas directas; el sexual, comportamientos o insinuaciones de carácter sexual no consentidas; y el acoso por razón de sexo, un trato desfavorable basado en el género, la identidad o los roles sociales. A su vez, las motivaciones pueden ser personales —rivalidades o conflictos interpersonales—, discriminatorias —prejuicios por género, edad, discapacidad, orientación sexual o etnia— o institucionales —políticas o culturas empresariales que fomentan la violencia simbólica o la presión laboral extrema—.

En el contexto español, la visibilización del acoso ha sido el resultado de un proceso normativo y social progresivo. La Ley 31/1995 de Prevención de Riesgos Laborales incorporó la dimensión psicosocial de la salud en el trabajo, obligando a las empresas a prevenir situaciones de acoso. Posteriormente, la Ley Orgánica 3/2007 para la Igualdad Efectiva de Mujeres y Hombres y la Ley Orgánica 10/2022 de Garantía Integral de la Libertad Sexual establecieron la obligatoriedad de implantar protocolos específicos frente al acoso sexual y por razón de sexo. A nivel europeo, la Directiva 2006/54/CE refuerza la responsabilidad de los Estados en garantizar entornos laborales libres de violencia y discriminación.

Las cifras disponibles confirman la relevancia del problema. Según el Instituto Nacional de Seguridad y Salud en el Trabajo (INSST, 2023), más del 15 % de la población trabajadora en España afirma haber sufrido algún tipo de acoso o violencia en su empleo. Las mujeres registran mayor incidencia que los hombres, especialmente en sectores como la sanidad, la educación y la administración pública, donde las relaciones interpersonales son intensas y las jerarquías marcadas. La Macroencuesta de Violencia contra la Mujer (2019) revela, además, que casi una de cada cinco mujeres ha vivido acoso sexual en el trabajo, reflejando la persistencia de desigualdades estructurales.

El impacto del acoso trasciende el ámbito individual. Genera daños psicológicos graves, como ansiedad, depresión o estrés postraumático, pero también afecta a la organización, reduciendo la productividad, incrementando el absentismo y deteriorando el clima laboral. A nivel social, supone un coste económico y humano considerable, que incluye bajas médicas, litigios y pérdida de confianza en las instituciones. Las políticas de prevención, formación y actuación inmediata son, por tanto, elementos esenciales de la gestión moderna de la salud laboral y de la responsabilidad social empresarial.

En conclusión, el acoso laboral, sexual o por razón de sexo es una realidad compleja y multifactorial que refleja las tensiones entre poder, género, cultura y estructura organizativa. Su prevención requiere una mirada integral, que combine el cumplimiento normativo con el fomento de una cultura basada en el respeto, la igualdad y la comunicación ética. Las cifras evidencian que todavía existen resistencias y silencios, pero también muestran una tendencia positiva hacia la concienciación, la denuncia y la acción preventiva, pilares fundamentales para avanzar hacia entornos de trabajo seguros, inclusivos y libres de violencia.

U. A. 2. Prevención del acoso en el ámbito laboral

Glosario

Ámbito de aplicación del protocolo

Conjunto de personas, espacios y situaciones en los que el protocolo resulta aplicable. Incluye a todas las personas trabajadoras, personal externo, alumnado en prácticas y cualquier persona vinculada al entorno laboral, tanto en espacios físicos como digitales.

Canal de denuncia

Mecanismo formal o digital habilitado por la empresa para comunicar situaciones de acoso o conductas inapropiadas, garantizando la confidencialidad, la protección de datos y la ausencia de represalias.

Carta Social Europea

Tratado del Consejo de Europa que garantiza derechos laborales y sociales básicos, entre ellos la protección de la dignidad, la igualdad y la seguridad en el trabajo.

Clima laboral

Percepción colectiva que las personas trabajadoras tienen sobre su ambiente de trabajo, las relaciones interpersonales, la comunicación y el nivel de justicia o equidad dentro de la organización.

Código Penal

Conjunto normativo que tipifica como delitos las conductas de acoso sexual (artículo 184) y acoso moral (artículo 173.1), estableciendo penas que pueden incluir prisión, multa o inhabilitación profesional.

Compliance (cumplimiento normativo)

Sistema de gestión que integra políticas, procedimientos y controles internos para garantizar que una organización cumple con la normativa legal y ética vigente, especialmente en materia de igualdad, seguridad y prevención del acoso.

Confidencialidad

Principio fundamental del protocolo que garantiza la protección de la identidad, los datos personales y la información de todas las personas implicadas en una investigación o denuncia de acoso.

Corresponsabilidad

Principio según el cual todas las personas de la organización, sin distinción jerárquica, comparten la obligación de mantener un entorno de trabajo libre de acoso y de actuar ante la detección de conductas inadecuadas.

Cultura preventiva

Conjunto de valores, actitudes y prácticas compartidas en una organización que promueven la seguridad, el respeto y la prevención de riesgos laborales, incluidos los psicosociales.

Denuncia formal

Comunicación por escrito o verbal que activa el procedimiento establecido en el protocolo para la investigación de un caso de acoso. Debe presentarse a través de los canales designados y con respeto a la confidencialidad.

Estrés laboral

Respuesta física y emocional ante demandas del trabajo percibidas como excesivas o incontrolables.

Microagresiones

Conductas sutiles, repetitivas y generalmente no intencionadas que desvalorizan o discriminan a una persona o grupo.

Riesgo psicosocial

Cualquier condición del entorno laboral que puede afectar a la salud mental o emocional de una persona, incluyendo el acoso, el estrés o el desequilibrio entre las exigencias laborales y los recursos disponibles.

Tolerancia cero

Principio institucional según el cual ninguna forma de acoso, discriminación o violencia es aceptable o justificable. Implica una respuesta firme, inmediata y coherente ante cualquier conducta contraria a la dignidad de las personas.

Unidad de Igualdad

Órgano especializado en las Administraciones Públicas encargado de promover la igualdad, asesorar en materia de acoso y supervisar la aplicación de los protocolos de actuación.

Ejercicios de autoevaluación

1. El concepto de mobbing fue introducido por:

a. Heinz Leymann.

b. Sigmund Freud.

c. Viktor Frankl.

d. Daniel Goleman.

2. En el acoso vertical descendente (bossing):

a. La víctima acosa a su superior.

b. La persona acosadora tiene poder jerárquico sobre la víctima.

c. Se da entre personas del mismo rango.

d. No existe relación jerárquica alguna.

3. El acoso horizontal se caracteriza por:

a. Darse entre personas del mismo nivel jerárquico.

b. Ser un conflicto entre sindicatos.

c. Ocurrir entre diferentes departamentos.

d. Ser exclusivo de las empresas grandes.

4. ¿Qué artículo de la Constitución Española reconoce el derecho a la integridad física y moral?

a. Artículo 10.

b. Artículo 35.

c. Artículo 15.

d. Artículo 40.

5. ¿Qué tipo de riesgo considera la Ley de Prevención de Riesgos Laborales al acoso psicológico?

    a. Riesgo psicosocial.

    b. Riesgo químico.

    c. Riesgo físico.

    d. Riesgo biológico.

6. ¿Qué ley establece medidas para garantizar la igualdad efectiva de mujeres y hombres en España?

    a. Ley 31/1995.

    b. Real Decreto Legislativo 5/2015.

    c. Ley Orgánica 3/2007.

    d. Ley 4/2023.

7. ¿Qué tipo de factor de riesgo se asocia con la cultura interna que tolera "bromas" ofensivas o lenguaje sexista?

    a. Cultural.

    b. Estructural.

    c. Psicosocial.

    d. De género.

8. Una de las herramientas más utilizadas para evaluar riesgos psicosociales en Europa es:

    a. Informe Anual de Sostenibilidad.

    b. ISO 45001.

    c. Código de Buenas Prácticas Laborales.

    d. Cuestionario de Evaluación de Riesgos Psicosociales de la EU-OSHA.

9. El protocolo frente al acoso laboral tiene como finalidad principal:

a. Prevenir, detectar y actuar ante conductas de acoso en el trabajo.

b. Sustituir los planes de igualdad.

c. Regular las vacaciones y ausencias del personal.

d. Servir como reglamento disciplinario general.

10. Una de las características esenciales del protocolo es:

a. Su aplicación solo a personal directivo.

b. La confidencialidad absoluta de la información y de las partes.

c. La confidencialidad y protección de datos.

d. Su vigencia indefinida sin necesidad de revisión.

U. A. 2. Prevención del acoso en el ámbito laboral

U. A. 3. Derechos y prevención de la discriminación de personas LGTBI

Introducción

El reconocimiento y la protección de los derechos de las personas LGTBI en el ámbito laboral es un componente esencial para la construcción de una sociedad equitativa y justa. La igualdad de trato y la no discriminación son pilares fundamentales que deben guiar las políticas y prácticas empresariales. La Ley 4/2023, de 28 de febrero, para la igualdad real y efectiva de las personas trans y para la garantía de los derechos de las personas LGTBI, refuerza el compromiso de las empresas y organismos con la diversidad sexual, familiar y de género.

En esta unidad, se abordan los conceptos básicos en materia LGTBI, proporcionando un marco teórico actualizado y fundamentado en investigaciones recientes y en las contribuciones de expertos y expertas en la materia. El objetivo es ofrecer una comprensión profunda y matizada de los términos y conceptos clave que son fundamentales para la implementación efectiva de políticas inclusivas y respetuosas en el entorno laboral.

La Ley 4/2023, de 28 de febrero, representa un hito legislativo en la búsqueda de la igualdad real y efectiva de las personas trans y la garantía de los derechos de las personas LGTBI en España. Esta normativa, pionera en su alcance y profundidad, busca erradicar las múltiples formas de discriminación que históricamente han afectado a las personas LGTBI, promoviendo un entorno de respeto, inclusión y equidad en todos los ámbitos de la sociedad, incluyendo el laboral.

La inclusión y el respeto por la diversidad sexual, de género y familiar son fundamentales para construir ambientes laborales saludables y productivos. Las empresas no solo tienen la responsabilidad ética de garantizar estos derechos, sino también la obligación legal de cumplir con las disposiciones establecidas en la Ley 4/2023. En esta unidad, se exploran los aspectos más relevantes de esta normativa en el contexto empresarial, proporcionando una comprensión detallada de sus finalidades, las obligaciones que impone a las empresas y su aplicación práctica en los convenios y acuerdos colectivos.

En el ámbito laboral, la protección de los derechos de las personas LGTBI es fundamental para garantizar un entorno de trabajo seguro, inclusivo y respetuoso. La diversidad sexual, de género y de expresión es un valor que enriquece las organizaciones, pero también plantea desafíos que requieren una gestión adecuada y comprometida por parte de las empresas. Esta unidad se centra en proporcionar herramientas y conocimientos prácticos para la implementación efectiva de protocolos de protección frente al acoso y la discriminación contra las personas LGTBI en el entorno laboral.

El marco legal establecido por la Ley 4/2023, de 28 de febrero, para la igualdad real y efectiva de las personas trans y para la garantía de los derechos de las personas LGTBI, define con claridad las obligaciones de las empresas en cuanto a la prevención y actuación frente a situaciones de acoso y discriminación. Este protocolo no solo busca cumplir con las disposiciones legales, sino también promover una cultura empresarial que valore y respete la diversidad.

Objetivos

- Conocer y aplicar los conceptos básicos sobre diversidad sexual y de género, buscando la familiarización con los términos y definiciones esenciales relacionados con la orientación sexual, la identidad de género y la expresión de género, y su relevancia en el entorno laboral.
- Entender el significado de las siglas LGTBI y LGTBIQ+ y conocer su evolución, destacando la importancia de reconocer y respetar la diversidad dentro del colectivo.
- Definir y comprender el concepto de LGTBIfobia, con el fin de reconocer las distintas formas de discriminación y violencia que enfrentan las personas LGTBI, subrayando la importancia de identificar y combatir estos comportamientos en el entorno laboral.
- Conocer y aplicar los conceptos básicos sobre diversidad sexual, familiar y de género contenidas en la Ley 4/2023.
- Difundir las medidas planificadas LGTBI recogidas en los convenios colectivos, identificado las acciones específicas que se han acordado en el entorno laboral para asegurar su correcta implementación.
- Identificar cómo se aplica el protocolo de acompañamiento a las personas trans en el entorno laboral.
- Desarrollar habilidades para identificar situaciones de acoso y discriminación hacia las personas LGTBI, así como para actuar de manera efectiva y preventiva.
- Reconocer y comprender los diferentes factores que pueden contribuir a la discriminación y el acoso en el lugar de trabajo. Esto incluye aprender a detectar señales de acoso y entender las dinámicas subyacentes que pueden perpetuar la exclusión y el maltrato hacia personas LGTBI.
- Conocer cómo se elabora, implementa y comunica un protocolo efectivo de prevención y respuesta ante situaciones de acoso y discriminación.
- Conocer las posibles infracciones y las sanciones correspondientes por el incumplimiento del protocolo. Esto incluye una comprensión de las consecuencias legales y administrativas, así como de las medidas correctivas que deben adoptarse en caso de incumplimiento.

U. A. 3. Derechos y prevención de la discriminación de personas LGTBI

1. Conceptos básicos en materia LGTBI

La diversidad sexual y de género forma parte esencial de la sociedad actual, y su comprensión resulta fundamental para garantizar la igualdad y el respeto en todos los ámbitos, especialmente en el laboral. Este tema no solo aborda cuestiones de identidad o de orientación, sino también derechos humanos y convivencia.

En este índice, se presentan los conceptos básicos en materia LGTBI, con el fin de ofrecer una visión general que permita entender la importancia del reconocimiento y la protección de las personas pertenecientes a este colectivo. Se explicarán las diferencias entre orientación sexual, identidad y expresión de género, el significado de las siglas LGTBI / LGTBIQ+, así como el concepto de LGTBIfobia. Finalmente, se abordarán los derechos LGTBI en el entorno laboral, un espacio clave para la inclusión, la no discriminación y la igualdad de oportunidades.

1.1. Orientación sexual, identidad de género y expresión de género

La orientación sexual se refiere a la atracción emocional, romántica, sexual o afectiva que una persona siente hacia otra. Esta puede ser hacia personas del mismo género, de diferente género, o de más de un género. Es importante entender que la orientación sexual es una parte intrínseca del ser humano y puede variar significativamente entre las personas.

Las principales categorías de orientación sexual incluyen:

- **Heterosexualidad**: Atracción hacia personas del género opuesto.
- **Homosexualidad**: Atracción hacia personas del mismo género.
- **Bisexualidad**: Atracción hacia más de un género.

Por su parte, la asexualidad se define como la falta de atracción sexual hacia otras personas. Sin embargo, es importante destacar que esto no excluye la posibilidad de que las personas asexuales experimenten atracciones románticas o emocionales.

 **Importante**

Las personas asexuales pueden y suelen formar relaciones emocionales y afectivas profundas (heterorrománticas, homorrománticas...), incluso sin la presencia de atracción sexual.

La bandera del orgullo LGBT (Lesbianas, Gays, Bisexuales y Transgénero) es uno de los símbolos más reconocibles del movimiento de derechos LGBTQ+.

La bandera del arcoíris fue creada por el artista Gilbert Baker en 1978 y ha evolucionado a lo largo de los años.

Además de la bandera del orgullo LGBT, existen otras banderas que representan diversas orientaciones sexuales e identidades de género dentro de la comunidad LGBTQ+.

La versión más común de la bandera tiene seis franjas horizontales de colores, cada una con un significado específico:

- **Rojo**: Vida.
- **Naranja**: Sanación.
- **Amarillo**: Luz del sol.
- **Verde**: Naturaleza.
- **Azul**: Serenidad.
- **Violeta**: Espíritu.

Fig. 1. Bandera del orgullo LGTBI

Por otro lado, la identidad de género es la percepción interna e individual que una persona tiene de su propio género. Esta percepción puede coincidir o no con el sexo asignado al nacer. La identidad de género es profundamente personal y puede ser binaria (hombre o mujer) o no binaria (*queer*, *genderqueer*, *genderfluid*, agénero, etc.).

Los términos clave incluyen:

- **Personas cis**: Personas cuya identidad de género coincide con el sexo asignado al nacer.

- **Personas trans**: Personas cuya identidad de género no coincide con el sexo asignado al nacer. Este término incluye a las personas trans y otras identidades de género no cisgénero.

- **Personas no binarias**: Personas que no se identifican exclusivamente como hombres o mujeres. Pueden identificarse con una combinación de ambos géneros, con un género distinto, o con ninguno en absoluto.

 **Saber más**

El concepto de género ha sido ampliamente debatido y desarrollado por numerosas teóricas feministas que han aportado una comprensión más profunda y crítica de las construcciones sociales del género.

Por ejemplo, Simone de Beauvoir argumenta que la noción de "mujer" no es una realidad biológica fija, sino una construcción social. En su famosa frase "No se nace mujer, se llega a serlo", destaca que la feminidad es un rol impuesto por la sociedad a través de la educación, la cultura y las expectativas sociales. Rechaza las nociones biologicistas que atribuyen características y roles específicos a las mujeres basados únicamente en su sexo, argumentando que estas son construcciones sociales que pueden y deben ser desafiadas y cambiadas.

Por su parte, Butler argumenta que el género no es una esencia fija o una identidad interna, sino un conjunto de actos repetidos que se inscriben en la cultura y el lenguaje. Según Butler, no "somos" un género, sino que "hacemos" género a través de nuestras acciones, gestos y comportamientos. Butler critica la idea de que el género es una consecuencia directa del sexo biológico, y sostiene que tanto el sexo como el género son construcciones sociales y culturales. Esta perspectiva desnaturaliza las nociones tradicionales de masculino y femenino, desafiando la idea de que hay una correspondencia natural entre el sexo biológico y el género.

Es vital que en el ámbito laboral se respete la identidad de género de cada persona, lo cual incluye el uso correcto de nombres y pronombres, así como la adecuación de los espacios y prácticas laborales para ser inclusivos y respetuosos con todas las identidades de género.

Debemos hacer un uso correcto de los pronombres con el fin de respetar la identidad de género de cada persona y fomentar un entorno inclusivo y respetuoso.

En primer lugar, debemos comprender los pronombres. Por un lado, tenemos los pronombres binarios: él/ellos y ella/ellas.

Con respecto a los pronombres neutros, nos referimos a elle/elles. Estos son utilizados por personas que se identifican fuera del binarismo de género, como personas no binarias, genderqueer, etc.

Algunas pautas para el uso correcto de los pronombres son las siguientes:

- **Preguntar y no asumir**: Evite suponer los pronombres de una persona basándose en su apariencia. Preguntar es siempre la mejor opción.
- **Uso consistente**: Una vez que conozca los pronombres de alguien, utilícelos de manera consistente y correcta.
- **Corrección respetuosa**: Si se equivoca, corrija el error rápidamente y siga adelante sin hacer un gran asunto de ello.
- **Respeto por los pronombres neutros**: Algunos idiomas, como el español, están en evolución con respecto al uso de pronombres neutros. Si alguien usa pronombres como "elle", respételos y adáptese a su uso.

Por su parte, la expresión de género se refiere a la manera en que una persona manifiesta su género a través de comportamientos, vestimenta, peinados, voz y otros rasgos físicos. La expresión de género puede ser masculina, femenina, andrógina o de otra naturaleza y no necesariamente se alinea con la identidad de género de una persona. Es decir, una persona puede tener una expresión de género que no coincida con las expectativas tradicionales asociadas a su género.

Importante

Comprender y respetar la orientación sexual, la identidad de género y la expresión de género de todas las personas es fundamental para crear un entorno de trabajo inclusivo y respetuoso. Las empresas deben adoptar políticas que protejan y promuevan la igualdad de todas las personas, independientemente de estas características, asegurando que todos los empleados puedan trabajar en un entorno libre de discriminación y acoso. Esto no solo es un mandato legal bajo la Ley 4/2023, sino también una práctica que mejora el bienestar laboral. La formación y la sensibilización continuas sobre estos temas son esenciales para garantizar que todas las personas en la organización comprendan y respeten la diversidad, fomentando un ambiente de trabajo inclusivo y equitativo.

1.2. ¿Qué significan las siglas LGTBI / LGTBIQ+? El concepto de LGTBIfobia

Las siglas LGTBI y LGTBIQ+ representan a una diversidad de identidades de género y orientaciones sexuales. Estas siglas son esenciales para visibilizar y reconocer a las personas que históricamente han sido marginadas y discriminadas.

A continuación, se detallan cada una de estas siglas:

- **L: Lesbiana**: Una mujer que se siente emocional, romántica o sexualmente atraída por otras mujeres. Las mujeres lesbianas forman una parte vital del colectivo LGTBI y han luchado por el reconocimiento y la igualdad de derechos a lo largo de la historia.

- **G: Gay**: Un término utilizado para describir a un hombre que se siente emocional, romántica o sexualmente atraído por otros hombres. Aunque "gay" se usa a menudo de manera inclusiva para referirse a personas de cualquier género que se sienten atraídas por el mismo género, en este contexto específico se aplica principalmente a los hombres.

- **T: Trans**: El término "trans" es un término inclusivo que engloba a diversas identidades de género, incluyendo, pero no limitándose a las personas transgénero y transexuales.

- **B: Bisexual**: Una persona bisexual es aquella que siente atracción emocional, romántica o sexual hacia personas de más de un género. Esta atracción puede no ser igual hacia todos los géneros y puede variar en intensidad y frecuencia.

- **I: Intersexual**: Las personas intersexuales nacen con características sexuales (como genitales, gónadas, patrones cromosómicos) que no encajan en las definiciones típicas de masculino o femenino. La intersexualidad es una variación natural del desarrollo humano, y es importante que se respete la autonomía y los derechos de las personas intersexuales, incluyendo el derecho a decidir sobre sus cuerpos sin intervenciones médicas innecesarias.

- **Q: *Queer* (y/o Cuestionamiento)**: El término "*queer*" es un término inclusivo que abarca una amplia variedad de identidades de género y orientaciones sexuales que no encajan en las categorías tradicionales. Originalmente un término peyorativo, "*queer*" ha sido reclamado por la comunidad LGTBIQ+ como una forma de autoafirmación y resistencia.

  El "cuestionamiento" se refiere a las personas que están explorando su orientación sexual o identidad de género y no se sienten seguras de cómo definirse. Este proceso de autodescubrimiento es fundamental y merece respeto y apoyo.

- **+**: El signo "+" representa la inclusión de todas las demás identidades de género y orientaciones sexuales que no están específicamente mencionadas en las siglas anteriores. Esto incluye, pero no se limita a, las personas asexuales, pansexuales, *genderqueer*, *genderfluid*, y otras identidades y orientaciones diversas.

Es importante distinguir entre estos términos para una comprensión adecuada de la palabra "trans":

- **Transgénero**: Personas cuya identidad de género no coincide con el sexo que se les asignó al nacer. Este término abarca a una amplia variedad de identidades de género no cisgénero.

- **Transexual**: Históricamente, este término se ha utilizado para referirse a personas que han decidido someterse a procedimientos médicos para alinear su cuerpo con su identidad de género. Sin embargo, este término ha sido problematizado por su relación con la patologización.

Saber más

Durante mucho tiempo, las personas transexuales fueron consideradas como enfermas mentales por la comunidad médica. Expertas como Judith Butler y Susan Stryker han criticado esta patologización, argumentando que la identidad de género no debería ser vista como una enfermedad, sino como una variación natural de la experiencia humana. Gracias a estos y otros esfuerzos, la Clasificación Internacional de Enfermedades de la OMS dejó de considerar la transexualidad como un trastorno mental en 2019.

La atracción bisexual puede manifestarse de muchas maneras diferentes. Una persona bisexual puede sentir una atracción más fuerte hacia un género en particular, siempre o en ciertos momentos de su vida. Esta atracción puede cambiar en intensidad y frecuencia con el tiempo. Esta variabilidad es natural y válida, y no disminuye la autenticidad de su orientación bisexual.

El mito de la "atracción igualitaria" perpetúa varios estigmas dañinos:

- **Invalidación de la bisexualidad**: A menudo se cuestiona la autenticidad de la bisexualidad de una persona si no experimenta atracción de manera igualitaria hacia todos los géneros. Esto puede llevar a la invisibilidad y la marginalización dentro de la comunidad LGBTQ+.

- **Bifobia**: Los estigmas pueden contribuir a la bifobia, tanto fuera como dentro de la comunidad LGBTQ+. Las personas bisexuales pueden enfrentar prejuicios y discriminación debido a la incomprensión de su orientación.

- **Presión para "equilibrar" la atracción**: Las personas bisexuales pueden sentir presión para demostrar que su atracción es igualitaria, lo cual es una expectativa poco realista e injusta. La orientación sexual no debería estar sujeta a estándares de "equilibrio" impuestos por la sociedad.

A continuación, se explican algunas identidades adicionales que se incluyen con el "+":

- **Asexual (A)**: Personas que experimentan poca o ninguna atracción sexual hacia otras personas.

- **Pansexual (P)**: Personas que sienten atracción hacia otros sin importar su género o identidad de género.

Fig. 2. El uso del "+" asegura que el término sea inclusivo y reconozca la multiplicidad y la diversidad de experiencias humanas

- **Agénero (A)**:Personas que no identifican con ningún género.

- **Demisexual (D)**: Personas que solo experimentan atracción sexual hacia alguien con quien tienen un fuerte vínculo emocional.

- **Genderqueer (GQ)**: Personas cuya identidad de género no se alinea con las categorías tradicionales de hombre o mujer.

- **Aliados (A)**: Personas que no se identifican como LGTBIQ+ pero apoyan y defienden los derechos y la igualdad de la comunidad LGTBIQ+.

El "+" en "LGTBIQ+" es una forma inclusiva de reconocer que la diversidad de orientaciones sexuales, identidades de género y expresiones de género no se limita solo a las categorías de lesbianas, gays, bisexuales, transgénero, intersexuales y *queer*.

Este símbolo busca abarcar y dar visibilidad a todas las identidades y experiencias que no se mencionan explícitamente en las letras iniciales.

La LGTBIfobia es un fenómeno que engloba diversas formas de rechazo, aversión, discriminación y violencia hacia las personas lesbianas, gays, bisexuales, trans e intersexuales. Este concepto es fundamental para entender las barreras y los desafíos que enfrenta el colectivo LGTBI en múltiples ámbitos de la vida, incluyendo el laboral.

La LGTBIfobia puede manifestarse de manera explícita o sutil y tiene profundas implicaciones en la salud mental y el bienestar general de las personas afectadas.

LGTBIfobia se refiere al conjunto de actitudes negativas, prejuicios y comportamientos discriminatorios que se dirigen hacia las personas por su orientación sexual, identidad de género o características sexuales.

Según la experta en estudios de género Judith Butler, la LGTBIfobia está profundamente enraizada en la heteronormatividad, que es la suposición de que la heterosexualidad es la única orientación sexual normal y deseable, y que los roles de género binarios y tradicionales son los únicos aceptables.

Las manifestaciones de la LGTBIfobia pueden incluir:

- **Violencia física**: Agresiones físicas motivadas por el odio hacia las personas LGTBI.
- **Violencia verbal**: Insultos, amenazas y lenguaje denigrante.
- **Discriminación laboral**: Despidos, acoso, o negación de oportunidades laborales basadas en la orientación sexual o identidad de género.
- **Discriminación institucional**: Leyes y políticas que niegan derechos o protecciones a las personas LGTBI.
- **Microagresiones**: Comentarios o acciones sutiles que perpetúan estereotipos negativos o que invalidan las experiencias de las personas LGTBI.

El impacto de la LGTBIfobia en la vida de las personas es profundo y multifacético. Según el psicólogo Gregory M. Herek, un pionero en la investigación sobre la homofobia y la discriminación LGTBI, las experiencias de LGTBIfobia están asociadas con una variedad de resultados negativos en la salud mental, incluyendo depresión, ansiedad y trastornos de estrés postraumático.

En el ámbito laboral, la LGTBIfobia puede manifestarse a través de políticas y prácticas discriminatorias que afectan negativamente a las personas LGTBI.

La experta en estudios laborales, M. V. Lee Badgett, destaca que las empresas que no abordan la LGTBIfobia pueden enfrentar consecuencias significativas, incluyendo un ambiente de trabajo tóxico, baja moral y alta rotación de personal.

Fig. 3. Las personas LGTBI que enfrentan discriminación en el trabajo tienen más probabilidades de experimentar insatisfacción laboral, baja autoestima y un rendimiento laboral disminuido

Dentro de las estrategias para combatir la LGTBIfobia en el entorno laboral encontramos:

- **Educación y sensibilización**: La formación continua sobre diversidad e inclusión es fundamental. Esto incluye talleres y cursos que aborden la LGTBIfobia, sus manifestaciones y cómo contrarrestarla.

- **Políticas inclusivas**: Las empresas deben desarrollar y aplicar políticas claras contra la discriminación y el acoso basadas en la orientación sexual y la identidad de género. Esto incluye el establecimiento de protocolos para reportar y abordar incidentes de LGTBIfobia.

- **Apoyo psicológico y redes de apoyo**: Ofrecer servicios de apoyo psicológico y crear redes de apoyo dentro de la empresa puede ayudar a las personas LGTBI a sentirse seguras y valoradas. El apoyo social es fundamental para mitigar los efectos negativos de la discriminación y promover el bienestar mental.

- **Visibilidad y representación**: Fomentar la visibilidad y representación de personas LGTBI en todos los niveles de la organización contribuye a crear un ambiente más inclusivo y diverso. La visibilidad de modelos a seguir LGTBI puede reducir los estigmas y promover la aceptación.

- **Evaluación y mejora continua**: Las empresas deben evaluar regularmente sus políticas y prácticas para asegurarse de que estén alineadas con los principios de igualdad y no discriminación. Esto incluye la recopilación de datos y la realización de encuestas para medir el clima laboral y la percepción de inclusión entre los empleados LGTBI.

A continuación, se propone un ejemplo de estrategias concretas para combatir la LGTBIfobia en el entorno laboral de una empresa:

1. En una empresa del sector tecnológico, se implementan diversas estrategias para combatir la LGTBIfobia y fomentar un ambiente de trabajo inclusivo y respetuoso para todas las personas, independientemente de su orientación sexual e identidad de género.

2. Cada trimestre, se ofrece un taller interactivo que incluye testimonios de empleados LGTBI, estudios de casos reales y sesiones de preguntas y respuestas. Los empleados aprenden sobre la importancia del lenguaje inclusivo y cómo ser aliados efectivos.

3. Cualquier empleado que experimente o presencie actos de discriminación puede reportarlo de forma anónima a través de una plataforma digital segura. Los casos reportados son investigados rápidamente por un comité especializado en diversidad e inclusión.

4. Se han creado redes de apoyo dentro de la empresa, como grupos de afinidad LGTBI, que se reúnen regularmente para discutir temas de interés común y brindar apoyo mutuo. Estas redes también organizan eventos sociales y charlas con expertos para fortalecer la comunidad LGTBI dentro de la empresa.

5. En el sitio web corporativo y en las comunicaciones internas, se destacan historias de éxito de empleados LGTBI. Además, se promueve la participación de empleados LGTBI en comités de liderazgo y en programas de mentores, lo que permite a los nuevos empleados ver a modelos a seguir y sentirse más aceptados y representados en el lugar de trabajo.

6. Para asegurarse de que las políticas y prácticas de la empresa estén alineadas con los principios de igualdad y no discriminación, se realizan evaluaciones periódicas. Si una encuesta revela que algunos empleados LGTBI no se sienten completamente seguros en ciertas áreas de la empresa, se toman medidas específicas para abordar esos problemas.

1.3. Los derechos LGTBI en el ámbito laboral

Los derechos LGTBI en el ámbito laboral son una extensión de los derechos humanos fundamentales, destinados a garantizar que todas las personas, independientemente de su orientación sexual, identidad de género o características sexuales, puedan trabajar en un entorno seguro, justo y respetuoso.

Los derechos de las personas LGTBI en el ámbito laboral están respaldados por diversas legislaciones nacionales e internacionales. La Ley 4/2023, de 28 de febrero, para la igualdad real y efectiva de las personas trans y para la garantía de los derechos de las personas LGTBI, es un ejemplo significativo de normativa que protege estos derechos en España. Esta ley, junto con otras normativas y convenios internacionales, establece un marco legal claro para prevenir la discriminación y promover la igualdad.

Los principales derechos LGTBI en el ámbito laboral son:

A. Derecho a la no discriminación

La discriminación por orientación sexual, identidad de género o características sexuales está prohibida en todas las fases del empleo, desde la contratación hasta la promoción y el despido.

Este derecho incluye:

- **Igualdad de oportunidades**: Las personas LGTBI deben tener las mismas oportunidades de empleo, formación y ascenso que sus contrapartes heterosexuales y cisgénero.

- **Equidad salarial**: Se debe garantizar que no haya disparidades salariales basadas en la orientación sexual o identidad de género.

B. Derecho a un ambiente de trabajo seguro y respetuoso

Los empleados tienen derecho a trabajar en un entorno libre de acoso y hostigamiento. Esto incluye la implementación de políticas y protocolos específicos para prevenir y abordar el acoso laboral hacia las personas LGTBI.

- **Políticas antiacoso**: Las empresas deben establecer políticas claras contra el acoso, con procedimientos efectivos para reportar y manejar denuncias.

- **Formación y sensibilización**: Programas de formación sobre diversidad e inclusión para todos los empleados son cruciales para crear una cultura de respeto y comprensión.

C. Derecho a la privacidad

La orientación sexual y la identidad de género son aspectos privados de la vida de una persona. Los empleadores deben respetar la privacidad de los empleados LGTBI y proteger cualquier información personal que pueda ser sensible.

D. Derecho al reconocimiento de la identidad de género

Las personas trans tienen el derecho a ser reconocidas y tratadas de acuerdo con su identidad de género. Esto incluye el uso correcto de nombres y pronombres, y el acceso a instalaciones y servicios que correspondan a su identidad de género.

- **Documentación y registros**: Las empresas deben permitir cambios en la documentación laboral para reflejar la identidad de género de los empleados.

- **Instalaciones inclusivas**: Proveer baños y vestuarios que respeten la identidad de género de todas las personas.

 **Saber más**

¿Sabías que en idiomas como el sueco o el finlandés se utilizan pronombres neutros de género? En sueco, por ejemplo, el pronombre neutro "*hen*" se introdujo en la década de 1960 y ha ganado aceptación generalizada en los últimos años. Este pronombre se utiliza para referirse a una persona sin especificar su género, promoviendo la igualdad y la inclusión. Una oración típica podría ser "*Hen är en läkare*," que significa "*Hen* es médico/a."

El finlandés, por otro lado, ha utilizado el pronombre neutro "hän" desde tiempos inmemoriales. Este pronombre es utilizado para referirse a cualquier persona sin marcar género, lo que facilita la comunicación inclusiva y evita la discriminación basada en el género. Una oración como "*Hän on opettaja*" se traduce como "Él o ella es maestro o maestra," destacando cómo el lenguaje finlandés naturalmente integra la neutralidad de género.

En inglés, el pronombre "*they/them*" ha sido utilizado tradicionalmente como pronombre plural, pero en las últimas décadas ha sido adoptado ampliamente como pronombre singular para personas no binarias o cuando el género de una persona es desconocido. Por ejemplo, "*Taylor said they will join us later*" se traduce como "*Taylor dijo que se unirá más tarde*".

E. Derecho a beneficios iguales

Los empleados LGTBI deben tener acceso igualitario a todos los beneficios ofrecidos por la empresa, incluyendo seguro de salud, permisos familiares y otros beneficios laborales.

Las empresas deben tener políticas claras que definan y reconozcan a las parejas del mismo sexo y a las familias diversas, asegurando que estos términos se incluyan en todos los documentos oficiales y beneficios.

Fig. 4. El derecho a los beneficios iguales también implica el reconocimiento de las parejas y familias diversas

Para garantizar el respeto y la promoción de los derechos LGTBI, las empresas deben adoptar un enfoque proactivo y estratégico.

Algunas medidas clave incluyen:

- **Políticas inclusivas**: Desarrollar y actualizar políticas de igualdad y no discriminación que incluyan explícitamente la orientación sexual, identidad de género y características sexuales.

- **Formación y sensibilización**: Implementar programas de formación regular para educar a todos los niveles de la organización sobre diversidad, inclusión y los derechos LGTBI.

- **Creación de espacios seguros**: Establecer comités o grupos de trabajo dedicados a la diversidad e inclusión, proporcionando espacios seguros para que los empleados LGTBI expresen sus preocupaciones y sugerencias.

- **Mecanismos de reporte eficaces**: Crear canales confidenciales y efectivos para reportar discriminación y acoso, asegurando una respuesta rápida y justa a las denuncias.

Además, es conveniente realizar evaluaciones periódicas del clima laboral y de las políticas de diversidad para identificar áreas de mejora y asegurar el cumplimiento continuo.

Importante

El reconocimiento y la protección de los derechos LGTBI en el ámbito laboral son esenciales para construir una sociedad más justa e inclusiva. Las empresas que adoptan estas prácticas no solo cumplen con sus obligaciones legales, sino que también crean un ambiente de trabajo donde todos los empleados pueden prosperar y contribuir plenamente. La implementación efectiva de estos derechos requiere un compromiso continuo y una acción deliberada para promover la igualdad y el respeto en todos los aspectos del empleo.

2. Introducción a la Ley 4/2023

La Ley 4/2023, de 28 de febrero, para la igualdad real y efectiva de las personas trans y para la garantía de los derechos de las personas LGTBI, constituye un hito en la legislación española en materia de derechos humanos e inclusión social. Esta norma responde a la necesidad de avanzar hacia una sociedad más justa e igualitaria, en la que todas las personas, con independencia de su orientación sexual, identidad o expresión de género, puedan disfrutar de los mismos derechos, libertades y oportunidades.

La ley se enmarca dentro del compromiso del Estado con los principios de igualdad, dignidad, libertad y no discriminación, recogidos en la Constitución Española y en diversos tratados internacionales de derechos humanos. Su aprobación supone la consolidación de un marco normativo integral que garantiza la protección de las personas LGTBI frente a cualquier forma de discriminación, tanto en el ámbito público como en el privado, e impulsa la adopción de medidas activas de inclusión y sensibilización social.

En el ámbito empresarial, la Ley 4/2023 introduce una serie de obligaciones y responsabilidades específicas dirigidas a promover entornos laborales seguros, respetuosos y libres de cualquier tipo de acoso o trato desigual. De este modo, se reconoce el papel fundamental de las empresas en la construcción de una cultura corporativa basada en la diversidad y la igualdad de trato, estableciendo medidas concretas para la prevención y corrección de conductas discriminatorias.

2.1. Finalidad y ámbito de aplicación

La Ley 4/2023, de 28 de febrero, tiene como propósito fundamental asegurar la igualdad real y efectiva de las personas trans y garantizar los derechos de las personas LGTBI.

Fig. 5. Las empresas deben adoptar medidas para prevenir la discriminación y promover la igualdad de oportunidades

Esta normativa se estructura en torno a varios objetivos clave:

- **Erradicación de la discriminación**: La ley busca eliminar todas las formas de discriminación directa o indirecta basadas en la orientación sexual, identidad de género, expresión de género y características sexuales. Esto incluye discriminación en el ámbito laboral, educativo, sanitario, y en el acceso a bienes y servicios.

- **Promoción de la igualdad**: La normativa promueve la igualdad de trato y oportunidades, implementando medidas que aseguren un trato equitativo para las personas LGTBI en todos los aspectos de la vida social y laboral.

- **Protección de derechos específicos**: La ley establece un marco de protección para los derechos específicos de las personas trans y LGTBI, incluyendo el derecho a la autodeterminación de género, el reconocimiento de la identidad de género en documentos oficiales, y la protección frente al acoso y la violencia.

- **Creación de un entorno inclusivo**: La normativa fomenta la creación de entornos inclusivos y respetuosos con la diversidad sexual y de género. Esto se traduce en la implementación de políticas y programas de sensibilización y educación que promuevan el respeto y la inclusión.

La Ley 4/2023 tiene un ámbito de aplicación extenso y abarca múltiples sectores y contextos de la vida social y laboral en España.

Su aplicación se extiende a:

- **Sector público y privado**: La normativa es aplicable tanto en instituciones y entidades del sector público como en organizaciones y empresas del sector privado. Esto incluye todos los niveles de la administración pública, empresas privadas, y organizaciones sin ánimo de lucro.

- **Ámbito laboral**: En el contexto laboral, la ley se aplica a todas las relaciones laborales, incluyendo la contratación, las condiciones de empleo, la formación profesional, la promoción, y la terminación del contrato de trabajo.

- **Educación**: La normativa también se extiende al ámbito educativo, incluyendo instituciones de educación primaria, secundaria y superior. Las escuelas y universidades deben implementar políticas que promuevan la inclusión y el respeto hacia la diversidad sexual y de género.

- **Sanidad**: En el sector sanitario, la ley asegura que las personas LGTBI reciban un trato digno y respetuoso, y que se respete su identidad de género en todos los servicios de salud.

- **Acceso a bienes y servicios**: La ley garantiza que las personas LGTBI tengan acceso igualitario a bienes y servicios, incluyendo vivienda, servicios sociales, y productos y servicios comerciales.

- **Protección frente a la violencia**: La normativa establece mecanismos de protección específicos frente a la violencia y el acoso por motivos de orientación sexual, identidad de género, expresión de género y características sexuales, incluyendo la creación de protocolos de actuación y medidas de apoyo a las víctimas.

La Ley Orgánica 3/2007 establece un marco legal para garantizar la igualdad de trato y de oportunidades entre mujeres y hombres. Su objetivo es eliminar la discriminación por razón de sexo en todos los ámbitos de la vida y fomentar la igualdad real y efectiva.

La ley se aplica en todas las áreas, incluyendo el empleo, la educación, la sanidad, la cultura, la ciencia y la tecnología, los deportes y la participación política y social.

Las medidas en el ámbito laboral son:

- **Planes de igualdad**: Las empresas con más de 50 empleados deben elaborar y aplicar planes de igualdad que contemplen medidas para eliminar la discriminación por razón de sexo y promover la igualdad de trato.

- **Conciliación de la vida familiar y laboral**: Se promueven políticas que faciliten la conciliación de la vida laboral y familiar para ambos sexos.

- **Prevención del acoso sexual y por razón de sexo**: Las empresas deben adoptar medidas específicas para prevenir y abordar el acoso sexual y por razón de sexo en el lugar de trabajo.

Legislación

La Ley Orgánica 3/2007 es complementaria a la Ley 4/2023, proporcionando un enfoque integral para la igualdad de género y LGTBI. Ambas leyes juntas forman un marco robusto para garantizar la igualdad y no discriminación en el lugar de trabajo, asegurando que todas las personas, independientemente de su género u orientación sexual, puedan disfrutar de un entorno laboral justo y equitativo.

2.2. Principales disposiciones de la normativa en relación al ámbito empresarial

La Ley 4/2023 establece una serie de disposiciones específicas para el ámbito empresarial con el fin de garantizar la igualdad real y efectiva de las personas LGTBI en el entorno laboral. Estas disposiciones obligan a las empresas a implementar medidas y políticas que prevengan la discriminación y promuevan la inclusión y el respeto hacia la diversidad sexual y de género.

Las principales disposiciones de la normativa en relación al ámbito empresarial son:

A. Medidas de igualdad y no discriminación

Las empresas están obligadas a adoptar medidas para prevenir y erradicar cualquier forma de discriminación por motivos de orientación sexual, identidad de género, expresión de género y características sexuales.

Estas medidas incluyen:

- **Políticas de igualdad**: Desarrollo e implementación de políticas internas que aseguren la igualdad de trato y oportunidades en todas las etapas de la relación laboral, desde la contratación hasta la promoción y la formación profesional.

- **Planes de igualdad**: Las empresas con más de 50 empleados deben elaborar y aplicar planes de igualdad que contemplen acciones específicas para prevenir la discriminación y promover la inclusión de las personas LGTBI.

B. Formación y sensibilización

Las empresas deben realizar acciones formativas y de sensibilización para todos sus empleados sobre temas relacionados con la diversidad sexual y de género.

Fig. 6. Las campañas de sensibilización contribuyen a la creación de un ambiente laboral libre de prejuicios y estereotipos

- **Programas de formación**: Desarrollo de programas de formación continua para educar a los empleados sobre la normativa vigente, los derechos de las personas LGTBI y la importancia de un entorno laboral inclusivo.

- **Campañas de sensibilización**: Realización de campañas que promuevan el respeto y la aceptación de la diversidad.

C. Protocolos de prevención y actuación frente al acoso

Las empresas deben diseñar e implementar protocolos específicos para la prevención y actuación frente al acoso y la discriminación por motivos de orientación sexual, identidad de género, expresión de género y características sexuales.

Estos protocolos deben incluir:

- **Procedimientos de denuncia**: Establecimiento de canales seguros y confidenciales para que las víctimas de acoso o discriminación puedan denunciar estos actos sin temor a represalias.

- **Medidas correctivas**: Implementación de medidas correctivas y disciplinarias contra los perpetradores de actos de acoso o discriminación, asegurando una respuesta rápida y efectiva.

D. Condiciones laborales y beneficios

Las condiciones laborales y los beneficios ofrecidos por la empresa deben ser inclusivos y respetuosos con la diversidad.

Esto incluye:

- **Políticas de recursos humanos**: Adaptación de las políticas de recursos humanos para asegurar que no haya discriminación en la contratación, promoción, asignación de tareas y remuneración de los empleados LGTBI.

- **Beneficios y derechos laborales**: Asegurar que los beneficios y derechos laborales, como permisos por enfermedad o beneficios familiares, se apliquen de manera equitativa a todos los empleados, incluyendo a aquellos que forman parte del colectivo LGTBI.

E. Recopilación y análisis de datos

Las empresas deben recopilar y analizar datos relacionados con la igualdad y la no discriminación en el lugar de trabajo.

Este proceso incluye:

- **Auditorías de igualdad**: Realización de auditorías periódicas para evaluar el cumplimiento de las políticas de igualdad y detectar posibles áreas de mejora.
- **Informes de seguimiento**: Elaboración de informes de seguimiento que documenten los avances en la implementación de las medidas de igualdad y no discriminación, y que se presenten a las autoridades competentes.

F. Responsabilidad y sanciones

La ley establece un régimen de responsabilidad y sanciones para las empresas que incumplan las disposiciones en materia de igualdad y no discriminación.

Esto incluye:

- **Responsabilidad legal**: Las empresas pueden ser responsables legalmente por actos de discriminación o acoso que ocurran en el lugar de trabajo y que no hayan sido abordados de manera adecuada.

- **Sanciones económicas**: Imposición de sanciones económicas significativas a las empresas que no cumplan con las obligaciones establecidas en la ley, incentivando así el cumplimiento y la implementación efectiva de las medidas de igualdad.

2.3. Obligaciones de las empresas para el cumplimiento de la Ley 4/2023

La Ley 4/2023 impone una serie de obligaciones específicas a las empresas para asegurar la igualdad real y efectiva de las personas LGTBI en el ámbito laboral. Estas obligaciones están diseñadas para fomentar la inclusión y prevenir la discriminación en el entorno de trabajo.

Estas obligaciones son:

A. Desarrollo e implementación de planes de igualdad

Las empresas con más de 50 empleados están obligadas a elaborar y aplicar planes de igualdad que incluyan medidas específicas para prevenir la discriminación y promover la igualdad de oportunidades para las personas LGTBI.

Fig. 7. Los planes de igualdad deben ser negociados con la representación legal de los trabajadores

A continuación, se muestra un ejemplo de cómo una empresa puede llevar a cabo la implementación de un plan de igualdad:

Una empresa tecnológica con más de 50 empleados, consciente de la importancia de fomentar un ambiente inclusivo y respetuoso, decide implementar un Plan de Igualdad para garantizar la igualdad de trato y oportunidades entre todos sus trabajadores.

Las acciones que lleva a cabo son:

- **Creación de un comité de igualdad**: La empresa forma un comité compuesto por representantes de los empleados y del equipo directivo, asegurando la participación de personas de diversos géneros y orientaciones sexuales. Este comité se encarga de supervisar y coordinar la implementación del Plan de Igualdad, actuar como punto de contacto para cualquier inquietud relacionada con la igualdad y promover un ambiente inclusivo.

- **Desarrollo de un plan de igualdad**: El plan incluye políticas claras que prohíben cualquier forma de discriminación por motivos de género, orientación sexual, identidad de género o cualquier otra característica personal. Se establecen procedimientos para reportar y gestionar casos de discriminación, asegurando la confidencialidad y protección de los denunciantes.

- **Procedimientos para la denuncia de acoso**: Se definen procedimientos específicos para la denuncia de acoso sexual y acoso por razón de género, con canales seguros y confidenciales para que las víctimas puedan presentar sus quejas. Además, la empresa ofrece apoyo psicológico y asesoramiento legal a las víctimas de acoso.

- **Realización de talleres de sensibilización sobre diversidad de género**: La empresa organiza talleres y sesiones de formación continua para todos los empleados, desde el personal operativo hasta la alta dirección. Los objetivos de estos son: educar sobre la importancia de la diversidad de género y la inclusión; sensibilizar a los empleados sobre los derechos de las personas LGTBI; y promover un ambiente de trabajo respetuoso y libre de prejuicios. Los talleres incluyen presentaciones, discusiones interactivas y ejercicios de *role-playing* para abordar situaciones de discriminación y acoso.

- **Revisión y actualización de las políticas de Recursos Humanos**: Se revisan los procesos de selección y contratación para eliminar sesgos y asegurar que todas las candidaturas se evalúan de manera justa y equitativa. Se busca garantizar que los criterios de selección sean inclusivos y basados en el mérito, sin discriminación por motivos de género o identidad sexual.

- **Promoción y desarrollo profesional**: Las políticas de promoción se revisan para asegurar que todos los empleados tengan igualdad de oportunidades para el desarrollo profesional. Se busca promover un ambiente donde las decisiones de ascenso y asignación de responsabilidades se basen en el rendimiento y las competencias, no en prejuicios o estereotipos.

Con la implementación del plan de igualdad se buscan los siguientes resultados:

- **Mejora del clima laboral**: Un ambiente de trabajo más inclusivo y respetuoso.
- **Reducción de incidentes de discriminación y acoso**: A través de la implementación de políticas claras y procedimientos eficaces para la denuncia y resolución de estos casos.
- **Aumento de la conciencia y sensibilización**: Empleados mejor informados y comprometidos con la promoción de la igualdad de género.
- **Mayor equidad en oportunidades**: Procesos de contratación y promoción más justos y transparentes.

B. Programas de formación y campañas de sensibilización

Las empresas deben organizar programas de formación continua sobre diversidad sexual y de género para todos sus empleados, incluyendo la alta dirección, con el objetivo de educar sobre los derechos de las personas LGTBI y promover un entorno laboral inclusivo. Además, se deben llevar a cabo campañas de sensibilización para fomentar el respeto y la aceptación de la diversidad en el lugar de trabajo.

C. Protocolos de prevención y actuación frente al acoso

Las empresas deben diseñar e implementar protocolos específicos para la prevención y actuación frente al acoso y la discriminación por motivos de orientación sexual, identidad de género, expresión de género y características sexuales. Se deben establecer canales seguros y confidenciales para que los empleados puedan denunciar casos de acoso o discriminación sin temor a represalias. Además, se tienen que implementar medidas correctivas y disciplinarias adecuadas para abordar y resolver incidentes de acoso o discriminación de manera efectiva y rápida.

D. Adaptación de políticas de Recursos Humanos

Las políticas de recursos humanos deben adaptarse para garantizar que no haya discriminación en la contratación, promoción, asignación de tareas y remuneración de los empleados LGTBI. Los beneficios y derechos laborales, como permisos por enfermedad o beneficios familiares, deben ser aplicados de manera equitativa a todos los empleados, incluidos aquellos que pertenecen al colectivo LGTBI.

E. Recopilación y análisis de datos

Realización de auditorías periódicas para evaluar el cumplimiento de las políticas de igualdad y detectar áreas de mejora. Además, se deben elaborar informes de seguimiento que documenten los avances en la implementación de las medidas de igualdad y no discriminación, y presentar estos informes a las autoridades competentes.

F. Responsabilidad legal y sanciones

Las empresas son responsables legalmente por cualquier acto de discriminación o acoso que ocurra en el lugar de trabajo y que no haya sido adecuadamente abordado. La ley prevé la imposición de sanciones económicas significativas a las empresas que incumplan las obligaciones establecidas, incentivando así el cumplimiento y la implementación efectiva de las medidas de igualdad.

G. Comunicación y difusión

Difusión de las políticas de igualdad, planes de igualdad y protocolos de actuación entre todos los empleados para asegurar que estén informados y comprometidos con el cumplimiento de la ley. Las empresas deben ser transparentes en la implementación de estas medidas y mantener una comunicación abierta con los empleados sobre los avances y desafíos en materia de igualdad y no discriminación.

A continuación, se presenta un ejemplo de cómo sería una actuación correcta en una empresa en el caso de una situación de discriminación:

Una empleada de una empresa tecnológica, denuncia que ha sido objeto de comentarios discriminatorios por su identidad de género por parte de un compañero de trabajo.

Las acciones realizadas por la empresa son:

- **Recepción de la denuncia**: La empleada presenta su denuncia a través del canal confidencial establecido por la empresa.

- **Activación del protocolo**: El comité de igualdad recibe la denuncia y activa el protocolo de actuación. Se inicia una investigación inmediata y confidencial.

- **Medidas inmediatas**: Mientras se investiga, se toman medidas provisionales para proteger a la empleada, como el cambio temporal de equipo del presunto agresor.

- **Investigación y resolución**: El comité lleva a cabo una investigación exhaustiva, entrevistando a las partes involucradas y a testigos, revisando pruebas y documentos.

- **Medidas correctivas**: Tras confirmar la discriminación, la empresa toma medidas disciplinarias contra el agresor, que pueden incluir desde formación obligatoria en diversidad hasta el despido en casos graves.

- **Apoyo a la víctima**: La víctima recibe apoyo psicológico y asesoramiento legal, además de ser informada sobre el progreso y resultado de la investigación.

- **Evaluación y mejora**: La empresa revisa sus políticas y protocolos de igualdad para prevenir futuros incidentes, implementando mejoras basadas en las lecciones aprendidas del caso de la víctima.

A continuación, se puede ver una tabla en la que se ven las obligaciones de las empresas y los derechos de las personas LGTBI.

Obligaciones de las empresas	Derechos de las personas LGTBI
Desarrollo e implementación de planes de igualdad.	Igualdad de trato y oportunidades en el ámbito laboral.
Organización de programas de formación continua sobre diversidad sexual y de género.	Protección frente a la discriminación por orientación sexual o identidad de género.
Diseño e implementación de protocolos de prevención y actuación frente al acoso.	Acceso a formación sobre sus derechos y diversidad en el entorno laboral.
Adaptación de políticas de Recursos Humanos para evitar la discriminación.	Uso de un lenguaje inclusivo y respetuoso.
Realización de auditorías periódicas sobre igualdad.	Acceso a protocolos confidenciales para denunciar acoso o discriminación.
Elaboración de informes de seguimiento sobre medidas de igualdad.	Participación en la creación y revisión de políticas de igualdad en la empresa.
Responsabilidad legal por actos de discriminación no abordados adecuadamente.	Recibir apoyo psicológico y legal en casos de discriminación.
Imposición de sanciones económicas significativas por incumplimiento.	Derecho a que su identidad de género sea reconocida y respetada en todos los documentos y comunicaciones internas.
Comunicación y difusión de políticas de igualdad y protocolos de actuación.	Acceso equitativo a beneficios laborales y condiciones de trabajo.

2.4. Aplicación de la Ley 4/2023 en el convenio o acuerdo colectivo de la empresa

La Ley 4/2023 establece la obligación de incorporar disposiciones específicas relacionadas con la igualdad de las personas LGTBI en los convenios y acuerdos colectivos de las empresas.

Las empresas deben revisar y, en su caso, adaptar sus convenios y acuerdos colectivos para incluir medidas específicas que promuevan la igualdad y protejan contra la discriminación por motivos de

Fig. 8. Los planes de igualdad deben incluir acciones concretas para fomentar la inclusión y la equidad en el lugar de trabajo

orientación sexual, identidad de género o características sexuales.

Esta aplicación se debe llevar a cabo de la siguiente manera:

- **Inclusión de medidas de igualdad y no discriminación**: Los convenios y acuerdos colectivos deben incluir cláusulas específicas que garanticen la igualdad de trato y la no discriminación por motivos de orientación sexual, identidad de género, expresión de género y características sexuales. Estas cláusulas deben reflejar las políticas y medidas que la empresa implementará para promover la igualdad y prevenir la discriminación.

- **Desarrollo de planes de igualdad**: Los convenios colectivos deben contemplar la obligación de desarrollar planes de igualdad, especialmente en empresas con más de 50 empleados.

- **Formación y sensibilización**: Los acuerdos colectivos deben prever la formación continua en materia de diversidad y derechos LGTBI para todos los empleados. Esta formación debe ser obligatoria y periódica, asegurando que todo el personal esté informado y sensibilizado sobre la importancia de un entorno laboral inclusivo.

- **Protocolos de prevención y actuación frente al acoso**: Los convenios deben incluir la creación e implementación de protocolos específicos para prevenir y actuar frente al acoso y la discriminación por motivos de orientación sexual e identidad de género. Estos protocolos deben describir los procedimientos de denuncia, las medidas de protección para las víctimas y las sanciones para los infractores.

- **Adaptación de condiciones laborales y beneficios**: Los acuerdos colectivos deben garantizar la revisión y adaptación de las políticas de recursos humanos para asegurar la igualdad de condiciones laborales y beneficios para todos los empleados, independientemente de su orientación sexual o identidad de género.

- **Recopilación y análisis de datos**: Los convenios deben incluir mecanismos para la recopilación y análisis de datos sobre la igualdad de trato y no discriminación en el lugar de trabajo. Esto permite evaluar la efectividad de las medidas implementadas y realizar ajustes cuando sea necesario.

- **Responsabilidad y sanciones**: Los acuerdos deben establecer la responsabilidad de la empresa en caso de incumplimiento de las medidas de igualdad y no discriminación, incluyendo posibles sanciones económicas y otras repercusiones.

- **Comunicación y transparencia**: Los convenios colectivos deben prever la comunicación y difusión de las políticas de igualdad, los planes de igualdad y los protocolos de actuación entre todos los empleados. Esta comunicación debe ser clara, accesible y periódica para asegurar que todos los miembros de la empresa estén al tanto de sus derechos y responsabilidades.

A continuación, se propone un ejemplo concreto de la aplicación de la Ley 4/2023 en la redacción del convenio o acuerdo colectivo de una empresa ficticia de 200 empleados para la inclusión de medidas de igualdad y no discriminación.

Las cláusulas específicas son las siguientes:

- **Cláusula de igualdad de trato**: La empresa garantiza la igualdad de trato y oportunidades a todos los empleados sin importar su orientación sexual, identidad de género, expresión de género o características sexuales. Cualquier acto de discriminación será investigado y sancionado conforme a los protocolos establecidos.

- **Política de no discriminación**: Se prohíbe cualquier forma de discriminación directa o indirecta en todos los procesos de selección, promoción, formación y asignación de tareas.

- **Plan de igualdad**: La empresa se compromete a desarrollar y actualizar un Plan de Igualdad que incluirá acciones específicas para fomentar la inclusión y la equidad en el lugar de trabajo. Este plan será revisado anualmente y contará con la participación de representantes de los empleados y expertos en diversidad.

- **Programas de formación**: Todos los empleados participarán en programas de formación continua sobre diversidad y derechos LGTBI. Esta formación será obligatoria y se realizará al menos dos veces al año. Además, se organizarán talleres específicos para la alta dirección y los responsables de recursos humanos.

- **Protocolo de actuación**: Se implementará un protocolo específico para la prevención y actuación frente al acoso por motivos de orientación sexual e identidad de género. Este protocolo incluirá procedimientos claros para la denuncia, medidas de protección para las víctimas y sanciones para los infractores.

- **Canales de denuncia**: Se establecerán canales confidenciales y seguros para que los empleados puedan denunciar cualquier incidente de acoso o discriminación sin temor a represalias.

- **Políticas inclusivas**: Las políticas de recursos humanos serán revisadas y adaptadas para garantizar la igualdad de condiciones laborales y beneficios para todos los empleados. Esto incluye la igualdad en la contratación, promoción, asignación de tareas y remuneración.

- **Beneficios equitativos**: Todos los beneficios laborales, como permisos por enfermedad y beneficios familiares, se aplicarán de manera equitativa a todos los empleados, incluidos aquellos que forman parte del colectivo LGTBI.

- **Auditorías de igualdad**: La empresa realizará auditorías periódicas sobre igualdad de trato y no discriminación. Estas auditorías se llevarán a cabo al menos una vez al año y los resultados se utilizarán para ajustar y mejorar las políticas de igualdad.

- **Informes de seguimiento**: Se elaborarán informes de seguimiento que documentarán los avances en la implementación de las medidas de igualdad y no discriminación. Estos informes serán presentados a la alta dirección y a la representación legal de los trabajadores.

- **Responsabilidad legal**: La empresa asumirá la responsabilidad legal por cualquier acto de discriminación o acoso que no haya sido abordado adecuadamente. Las sanciones económicas y otras repercusiones se aplicarán conforme a la gravedad de la falta.

- **Sanciones**: Se impondrán sanciones económicas significativas a los responsables de actos de discriminación o acoso, así como medidas disciplinarias que pueden incluir el despido en casos graves.

- **Comunicación interna**: Las políticas de igualdad, los planes de igualdad y los protocolos de actuación serán comunicados y difundidos entre todos los empleados. Esta comunicación se realizará de manera clara, accesible y periódica a través de correos electrónicos, boletines internos y reuniones informativas.

- **Transparencia**: La empresa mantendrá una comunicación abierta y transparente con todos los empleados sobre los avances y desafíos en materia de igualdad y no discriminación. Se fomentará la participación activa de los empleados en la implementación y mejora de estas políticas.

Estos elementos serán incorporados en el convenio colectivo de la empresa para asegurar el cumplimiento de la Ley 4/2023 y promover un entorno laboral inclusivo y respetuoso con la diversidad. La colaboración entre la empresa y la representación legal de los trabajadores será esencial para garantizar la aplicación efectiva de estas disposiciones y la creación de un ambiente de trabajo justo y equitativo para todos los empleados.

La aplicación de la Ley 4/2023 en los convenios y acuerdos colectivos implica la inclusión de disposiciones específicas que promuevan la igualdad y prevengan la discriminación en el entorno laboral. Esto requiere un enfoque proactivo y colaborativo entre la empresa y la representación legal de los trabajadores para asegurar el cumplimiento efectivo de la normativa y la creación de un ambiente de trabajo inclusivo y respetuoso.

3. Protocolo de protección frente a la discriminación contra las personas LGTBI en la empresa

El compromiso con la igualdad y la no discriminación por motivos de orientación sexual, identidad o expresión de género constituye uno de los pilares fundamentales de la convivencia en el entorno laboral actual. La creación de entornos inclusivos no solo responde a una obligación legal derivada de la Ley 4/2023, sino también a una exigencia ética y organizativa que contribuye al bienestar de las personas trabajadoras y al fortalecimiento de la cultura empresarial. En este contexto, los protocolos de protección frente a la discriminación contra las personas LGTBI se convierten en una herramienta esencial para garantizar el respeto a la diversidad y prevenir cualquier forma de trato desigual.

El ámbito laboral puede ser, en muchos casos, un espacio donde se manifiesten factores de discriminación LGTBI de forma directa o indirecta: desde actitudes homófobas o transfóbicas, hasta barreras estructurales que limitan la visibilidad, la promoción o la igualdad de condiciones. Por ello, es imprescindible identificar y detectar los factores de riesgo que puedan afectar a las personas del colectivo, con el fin de diseñar medidas eficaces que aseguren su plena integración y protección.

A continuación, se ofrece una visión integral del protocolo de protección frente a la discriminación LGTBI en la empresa, abordando las diferentes fases y estrategias necesarias para su correcta aplicación. En primer lugar, se analizan los principales factores de discriminación presentes en el ámbito laboral y los mecanismos para su detección. Posteriormente, se presentan las medidas dirigidas a alcanzar la igualdad real y la no discriminación, junto con las acciones de información y sensibilización que promueven un clima organizacional basado en el respeto, la empatía y la inclusión.

Asimismo, se desarrolla el contenido del protocolo de prevención de la discriminación LGTBI, detallando sus etapas de diseño e implementación, la formación y comunicación del mismo a toda la plantilla, así como los procesos de recopilación y análisis de datos necesarios para realizar un seguimiento eficaz de su aplicación. Finalmente, se abordan las infracciones y sanciones que pueden imponerse a las empresas en caso de incumplimiento, recordando que la igualdad no es solo una obligación normativa, sino también un valor estratégico que impulsa la reputación, la cohesión y la sostenibilidad de las organizaciones.

3.1. Factores de discriminación y acoso LGTBI en el ámbito laboral y detección de los mismos

La discriminación y el acoso hacia las personas LGTBI en el entorno laboral pueden manifestarse de diversas formas, muchas veces sutiles y difíciles de identificar. Resulta especialmente relevante entender estos factores para poder combatirlos eficazmente.

Se pueden considerar los siguientes:

A. Prejuicios y estereotipos

Los prejuicios y estereotipos sobre la orientación sexual y la identidad de género son una de las causas fundamentales de la discriminación. Estos prejuicios pueden manifestarse en actitudes negativas, comentarios despectivos y un trato desigual hacia las personas LGTBI.

Ejemplo

Juan, un empleado abiertamente gay, trabaja en el departamento de ventas de una empresa. A pesar de su excelente desempeño y calificaciones en sus evaluaciones de rendimiento, sus compañeros de trabajo a menudo hacen comentarios despectivos sobre su orientación sexual. Frecuentemente, escuchan chistes homófobos en la sala de descanso y comentarios como "No parece el tipo de persona que debería trabajar en ventas". Además, cuando hay oportunidades de formación y desarrollo profesional, Juan es pasado por alto en favor de colegas heterosexuales con menos experiencia. Este trato desigual y los comentarios negativos crean un ambiente hostil para Juan, afectando su bienestar emocional y su motivación en el trabajo. En este ejemplo, los prejuicios y estereotipos de los compañeros de trabajo se manifiestan en actitudes negativas y trato desigual, lo que constituye una forma clara de discriminación basada en la orientación sexual de Juan.

B. Exclusión social y profesional

La exclusión puede ser social, como no invitar a una persona LGTBI a eventos sociales de la empresa, o profesional, como negarles oportunidades de desarrollo, formación, promoción o asignación de proyectos importantes.

Ejemplo

Roberto, un hombre gay, trabaja en una firma de consultoría. A pesar de su excelente desempeño y su dedicación, nota que no es invitado a los eventos sociales de la empresa, como cenas y actividades de equipo. Además, cuando surgen oportunidades para asistir a importantes conferencias o participar en proyectos de alto perfil, siempre son asignadas a sus colegas heterosexuales. Roberto se entera de estos eventos y oportunidades solo después de que han ocurrido, lo que lo hace sentir aislado y desvalorizado en su entorno laboral.

C. Microagresiones

Pequeños comentarios, gestos o comportamientos que, aunque no sean abiertamente hostiles, perpetúan estereotipos y generan un ambiente de incomodidad y hostilidad hacia las personas LGTBI.

Ejemplo

María, una mujer trans, trabaja en el departamento de marketing de una empresa. Aunque sus compañeros de trabajo no son abiertamente hostiles, María experimenta microagresiones casi a diario. Por ejemplo, algunos colegas suelen "olvidar" su nombre y pronombres correctos, a pesar de que ella ha comunicado claramente cuál es su identidad de género. Comentarios como "No pareces una verdadera mujer" o "¿Por qué te esfuerzas tanto en maquillarte?" son comunes. Además, cuando se discuten temas relacionados con el género, sus colegas a menudo la miran fijamente o hacen preguntas invasivas sobre su transición, haciéndola sentir incómoda y observada constantemente. Estas microagresiones, aunque sutiles, perpetúan estereotipos negativos y crean un ambiente de incomodidad para María, afectando su bienestar y su capacidad para trabajar de manera efectiva.

D. Lenguaje discriminatorio

El uso de lenguaje ofensivo o inapropiado, chistes homofóbicos o transfóbicos, y comentarios despectivos son formas directas de acoso que afectan la dignidad de las personas LGTBI.

Ejemplo

Alejandro, un empleado bisexual en una empresa de tecnología, asiste a una reunión de equipo donde algunos de sus colegas hacen chistes homófobos sobre celebridades y eventos actuales. Aunque los comentarios no se dirigen específicamente a Alejandro, él se siente incómodo y ofendido. En otro momento, durante un almuerzo de equipo, un compañero hace una broma diciendo: "Ten cuidado, Alejandro podría enamorarse de cualquiera aquí". Estos comentarios y chistes no solo son insensibles, sino que también crean un ambiente de trabajo hostil y poco acogedor para Alejandro. Este uso de lenguaje ofensivo es una forma directa de acoso que compromete la dignidad de Alejandro y puede afectar negativamente su bienestar y desempeño laboral.

E. Acoso físico y verbal

Actos de violencia física, amenazas, intimidación y acoso verbal directo son formas severas de acoso que requieren una intervención inmediata.

Ejemplo

Luisa, una mujer lesbiana, trabaja en una fábrica. Un compañero de trabajo, al enterarse de su orientación sexual, empieza a hacer comentarios ofensivos y a amenazarla. Un día, le dice: "Deberías cuidarte, no todos estamos cómodos con personas como tú". La situación empeora cuando el mismo compañero la empuja agresivamente en el pasillo, diciéndole que no pertenece allí. Este tipo de acoso físico y verbal crea un ambiente de miedo y hostilidad para Luisa.

F. Negación de derechos y beneficios

Discriminación en el acceso a derechos laborales y beneficios, como la negación de permisos por maternidad/paternidad a parejas del mismo sexo, es otra forma de discriminación estructural.

Ejemplo

Marcos y su esposo adoptaron recientemente a un bebé. Marcos solicita el permiso de paternidad en su empresa, pero su solicitud es rechazada porque la política de la empresa solo reconoce el permiso de paternidad para parejas heterosexuales. Este acto de negación de derechos y beneficios representa una clara discriminación estructural basada en la orientación sexual de Marcos.

G. Ambiente de trabajo hostil

Un ambiente de trabajo hostil se caracteriza por la falta de apoyo, la presencia de comportamientos discriminatorios no sancionados, y una cultura organizacional que no promueve la inclusión y el respeto a la diversidad.

Ejemplo

Carla, una mujer trans, trabaja en una agencia de publicidad. Desde su transición, ha notado que sus colegas y supervisores han cambiado su actitud hacia ella. Se encuentra frecuentemente excluida de reuniones importantes y eventos sociales. Los comentarios discriminatorios de algunos compañeros pasan desapercibidos o no son sancionados por los gerentes. Cuando Carla intenta plantear estos problemas a recursos humanos, se le dice que no hay mucho que puedan hacer. Este ambiente de trabajo hostil afecta su productividad y bienestar emocional.

Detectar la discriminación y el acoso hacia las personas LGTBI requiere un enfoque proactivo y consciente por parte de las empresas.

Los siguientes pasos pueden ayudar en la identificación de estos problemas:

- **Encuestas y evaluaciones de clima laboral**: Realizar encuestas anónimas y evaluaciones periódicas del clima laboral para recoger información sobre la percepción de los empleados respecto a la inclusión y el respeto a la diversidad.

- **Observación directa**: Supervisores y personal de recursos humanos deben estar atentos a señales de exclusión, lenguaje inapropiado y comportamientos que puedan indicar discriminación o acoso.

- **Sistemas de denuncia confidenciales**: Establecer mecanismos confidenciales y seguros para que los empleados puedan denunciar casos de discriminación y acoso sin temor a represalias.

- **Formación y sensibilización**: Proporcionar formación regular a todos los empleados sobre diversidad e inclusión, incluyendo cómo reconocer y responder a comportamientos discriminatorios y de acoso.

- **Análisis de datos de Recursos Humanos**: Revisar datos de recursos humanos, como tasas de rotación, promociones y evaluaciones de desempeño.

- **Entrevistas de salida**: Realizar entrevistas de salida detalladas con empleados que dejan la empresa para identificar si la discriminación o el acoso han sido factores en su decisión de marcharse.

- **Cultura de transparencia y comunicación abierta**: Fomentar una cultura organizacional donde los empleados se sientan seguros y apoyados al compartir sus experiencias y preocupaciones relacionadas con la discriminación y el acoso.

Implementar estos métodos no solo ayuda a detectar problemas de discriminación y acoso, sino que también demuestra el compromiso de la empresa con la creación de un entorno laboral inclusivo y respetuoso.

La identificación temprana y la intervención adecuada son esenciales para proteger los derechos de las personas LGTBI y promover una cultura de igualdad y respeto en el lugar de trabajo.

Fig. 9. Los datos de Recursos Humanos pueden servir para identificar patrones que puedan indicar discriminación sistemática

3.2. Medidas para alcanzar la igualdad y no discriminación LGTBI en las empresas

Para lograr un entorno laboral inclusivo y libre de discriminación, las empresas deben implementar una serie de medidas que promuevan la igualdad y el respeto hacia las personas LGTBI. Estas medidas deben ser integrales y abarcar diferentes aspectos de la gestión empresarial, desde la cultura organizacional hasta las políticas y prácticas diarias.

Una de las principales estrategias es la creación de políticas de diversidad e inclusión específicas que protejan los derechos de las personas LGTBI. Estas políticas deben ser claras, accesibles y conocidas por todos los empleados. Es fundamental que estas políticas incluyan procedimientos detallados para la denuncia y gestión de casos de discriminación y acoso, garantizando así que todas las personas sepan cómo proceder en caso de necesitar apoyo.

Además, es esencial que la alta dirección de la empresa muestre un compromiso visible con la igualdad y la no discriminación. Esto incluye la participación activa en iniciativas de diversidad e inclusión, así como la asignación de recursos suficientes para implementar y mantener estas políticas. Un liderazgo comprometido sirve de ejemplo para el resto de la organización y ayuda a establecer una cultura corporativa basada en el respeto y la inclusión.

3.3. Acciones de información y sensibilización que fomenten y promuevan un entorno de respeto a la diversidad sexual y de género

Para fomentar un entorno de trabajo inclusivo, las empresas deben llevar a cabo acciones continuas de información y sensibilización.

Estas actividades no pueden ser eventos aislados, sino parte de un programa continuo que mantenga la conversación sobre la inclusión viva dentro de la organización.

Fig. 10. Las acciones pueden incluir talleres, seminarios y campañas de comunicación que eduquen a los empleados sobre la diversidad sexual y de género

Asimismo, es importante que estas acciones se adapten a las necesidades específicas de la empresa y de sus empleados. Esto puede incluir la creación de materiales educativos específicos que aborden situaciones y desafíos particulares que puedan surgir en el contexto de la empresa. La colaboración con organizaciones externas especializadas en derechos LGTBI puede ser muy beneficiosa para garantizar que la información proporcionada sea precisa y actualizada.

Además, se debe fomentar la participación activa de los empleados en estas iniciativas. Esto no solo aumenta la efectividad de las acciones de sensibilización, sino que también contribuye a crear un sentido de comunidad y apoyo entre los empleados. Programas de mentoría y grupos de afinidad LGTBI pueden ser herramientas muy útiles para apoyar a las personas LGTBI y educar a sus colegas sobre la importancia de la inclusión.

3.4. Protocolo de prevención del acoso y discriminación LGTBI

El establecimiento de un protocolo de prevención del acoso y la discriminación LGTBI es muy importante para garantizar un entorno de trabajo seguro y respetuoso. Este protocolo debe ser integral, específico y adaptado a las necesidades de cada organización.

A continuación, se detallan los elementos clave para su diseño, implementación, formación y comunicación, así como la recopilación y análisis de datos para su seguimiento.

3.4.1. Diseño e implementación

El diseño e implementación de un protocolo de prevención del acoso y discriminación LGTBI requiere un enfoque estratégico y detallado. Existen una serie de fases necesarias para desarrollar políticas efectivas, incluyendo la evaluación inicial de la situación, la definición de objetivos claros, el desarrollo de políticas específicas y la colaboración con partes interesadas. Cada una de estas es importante para garantizar que el protocolo sea exhaustivo y adaptado a las necesidades específicas de la organización.

Las fases del diseño del protocolo son:

- **Evaluación inicial**: Se debe identificar la situación actual de la empresa en términos de diversidad e inclusión mediante encuestas, entrevistas y análisis de datos y determinar las necesidades específicas de la organización y de las personas LGTBI en el entorno laboral.

- **Definición de objetivos**:

  - o **Objetivos generales**: Establecer los objetivos principales del protocolo, como prevenir el acoso y la discriminación, promover un ambiente inclusivo, y garantizar el respeto y la igualdad.
  - o **Objetivos específicos**: Detallar metas concretas y medibles, como reducir las quejas de acoso, aumentar la satisfacción laboral entre empleados LGTBI, y mejorar la percepción de inclusión.

- **Desarrollo de políticas y procedimientos**:

  o **Políticas antidiscriminación**: Redactar políticas claras que definan y prohíban el acoso y la discriminación por motivos de orientación sexual, identidad de género y expresión de género.
  o **Procedimientos de denuncia**: Establecer procedimientos confidenciales y seguros para la presentación y gestión de denuncias.
  o **Medidas disciplinarias**: Definir las consecuencias y medidas disciplinarias para quienes violen las políticas de la empresa.

- **Involucrar a las partes interesadas**: Hay que trabajar con grupos de empleados LGTBI y organizaciones externas para asegurar que el protocolo sea inclusivo y efectivo.

  Además, se debe tener un *feedback* continuo de empleados y ajustar el protocolo según sea necesario.

A continuación, se propone un ejemplo del diseño de un protocolo de prevención del acoso y discriminación LGTBI en una empresa ficticia:

1. **Evaluación inicial**: Una empresa del sector logístico decide implementar un protocolo de prevención del acoso y discriminación LGTBI. Como primer paso, realizan un diagnóstico de la situación actual en términos de diversidad e inclusión. Para esto, distribuyen encuestas anónimas a todos los empleados, organizan entrevistas individuales y en grupo, y analizan datos de recursos humanos, como las tasas de quejas relacionadas con discriminación y la rotación de personal LGTBI.

   Los resultados del diagnóstico revelan que muchos empleados LGTBI se sienten incómodos reportando incidentes de discriminación debido a la falta de un procedimiento claro y confidencial. También se identifican necesidades específicas, como la formación en sensibilización y la actualización de políticas para reflejar mejor las preocupaciones de la comunidad LGTBI.

2. **Definición de objetivos**: El siguiente paso es definir los objetivos generales del protocolo. La empresa establece como objetivo principal prevenir el acoso y la discriminación dentro de la empresa, promover un ambiente laboral inclusivo y garantizar el respeto y la igualdad para todos los empleados, independientemente de su orientación sexual, identidad de género o expresión de género.

La empresa también establece objetivos específicos y medibles, como reducir el número de quejas de acoso en un 50% en el primer año, aumentar la satisfacción laboral entre empleados LGTBI en un 30% según encuestas de clima laboral, y mejorar la percepción de inclusión en la empresa mediante la implementación de programas de formación continua.

3. **Desarrollo de políticas y procedimientos**: La empresa redacta nuevas políticas antidiscriminación que definen claramente qué constituye acoso y discriminación por motivos de orientación sexual, identidad de género y expresión de género. Estas políticas se integran en el manual del empleado y se comunican a todo el personal.

Se establecen procedimientos confidenciales y seguros para la presentación y gestión de denuncias. La empresa implementa un sistema de denuncias anónimas a través de una plataforma online segura y designa a un equipo de recursos humanos capacitado para gestionar estas denuncias de manera imparcial y rápida.

Las políticas actualizadas también definen las consecuencias y medidas disciplinarias para aquellos que violen las políticas de la empresa. Esto incluye desde amonestaciones hasta despidos, dependiendo de la gravedad del incidente.

4. **Involucrar a las partes interesadas**: La empresa colabora con grupos de empleados LGTBI y organizaciones externas especializadas en derechos LGTBI para asegurarse de que el protocolo sea inclusivo y efectivo. Se realizan

talleres y sesiones informativas dirigidas por estas organizaciones para educar a todos los empleados.

La empresa establece un mecanismo para recoger *feedback* continuo de los empleados sobre el protocolo. Se crean encuestas trimestrales y se organizan reuniones regulares con representantes de los grupos LGTBI de la empresa para discutir posibles mejoras. Este *feedback* se utiliza para ajustar el protocolo según sea necesario y asegurar su efectividad a largo plazo.

3.4.2. Formación y comunicación del protocolo a todas las personas trabajadoras de la empresa

La formación y comunicación del protocolo son esenciales para asegurar que todos los empleados entiendan y puedan aplicar las políticas de prevención del acoso y la discriminación LGTBI.

También puede ser beneficioso entrenar específicamente a supervisores y gerentes, así como mantener un proceso continuo de actualización y refuerzo.

Fig. 11. Las empresas pueden organizar sesiones de capacitación, proporcionar materiales educativos y utilizar diversos canales de comunicación para difundir el Protocolo

En este sentido, podría plantearse un plan de formación y comunicación con las siguientes fases:

- **Formación inicial**:

  - o **Sesiones de capacitación**: Organizar sesiones de capacitación obligatorias para todos los empleados sobre el contenido del protocolo, sus objetivos y procedimientos.
  - o **Materiales educativos**: Proveer materiales educativos, como guías y videos, que expliquen detalladamente el protocolo.

- **Comunicación continua**:

  - o **Boletines informativos**: Publicar boletines periódicos que refuercen los principios del protocolo y actualicen sobre cualquier cambio o desarrollo.
  - o **Intranet corporativa**: Utilizar la intranet de la empresa para alojar información relevante, recursos y actualizaciones sobre el protocolo.

- **Entrenamiento de supervisores y gerentes**:

  - o **Capacitación específica**: Ofrecer capacitación específica para supervisores y gerentes sobre cómo manejar quejas y casos de acoso y discriminación.
  - o **Rol de los líderes**: Asegurar que los líderes de la empresa sean ejemplos de comportamiento inclusivo y respetuoso.

- **Refuerzo y actualización**:

  - o ***Refresher courses***: Programar cursos de actualización periódicos para mantener el conocimiento y la concienciación en todos los niveles de la organización.
  - o **Evaluación de impacto**: Evaluar regularmente el impacto de la formación y realizar ajustes según sea necesario.

A continuación, se describe un ejemplo con las fases de un plan de formación y comunicación del protocolo de prevención del acoso y discriminación LGTBI para una empresa ficticia.

• **Formación inicial**: Una empresa organiza sesiones de capacitación obligatorias para todos los empleados sobre el contenido del protocolo, sus objetivos y procedimientos. Estas sesiones incluyen talleres interactivos y seminarios dirigidos por expertos en derechos LGTBI, asegurando que cada empleado entienda la importancia del protocolo y cómo aplicarlo en su día a día laboral.

Se proveen materiales educativos, como guías detalladas y videos explicativos, que abordan todos los aspectos del protocolo. Estos materiales se distribuyen en formato digital y físico para que los empleados puedan acceder a ellos fácilmente. Además, se crean infografías y pósteres que se colocan en áreas comunes para reforzar visualmente los principios del protocolo.

• **Comunicación continua**: La empresa publica boletines informativos periódicos que refuerzan los principios del protocolo y actualizan a los empleados sobre cualquier cambio o desarrollo. Estos boletines incluyen testimonios de empleados sobre cómo el protocolo ha mejorado su experiencia laboral y destacan casos de éxito en la implementación del protocolo.

La compañía utiliza su intranet corporativa para alojar información relevante, recursos y actualizaciones sobre el protocolo. Se crea una sección dedicada en la intranet donde los empleados pueden acceder a los materiales educativos, leer los boletines informativos y encontrar respuestas a preguntas frecuentes. Además, se incluye un foro donde los empleados pueden discutir temas relacionados con la inclusión y la diversidad.

• **Entrenamiento de supervisores y gerentes**: Supervisores y gerentes reciben capacitación específica sobre cómo manejar quejas y casos de acoso y discriminación. Esta capacitación incluye simulaciones de situaciones reales y prácticas sobre cómo responder de manera adecuada y empática a las denuncias. También se les enseña a identificar signos de acoso y discriminación que podrían pasar desapercibidos.

Se asegura que los líderes de la compañía sean ejemplos de comportamiento inclusivo y respetuoso. Los líderes participan activamente en las sesiones de capacitación y comunican regularmente su compromiso con el protocolo a través de reuniones y comunicaciones internas. Además, se les incentiva a promover activamente la cultura de inclusión en sus equipos.

- **Refuerzo y actualización**: La empresa programa cursos de actualización periódicos para mantener el conocimiento y la concienciación en todos los niveles de la organización. Estos cursos incluyen nuevas investigaciones y prácticas recomendadas en el ámbito de la inclusión LGTBI, asegurando que los empleados estén siempre al día.

La empresa evalúa regularmente el impacto de la formación y realiza ajustes según sea necesario. Se recogen datos a través de encuestas de satisfacción, entrevistas y análisis de incidentes reportados. Esta información se utiliza para mejorar continuamente el programa de formación y comunicación del protocolo.

3.4.3. Recopilación y análisis de datos y seguimiento de la aplicación del protocolo

Por último, para evaluar la efectividad del protocolo de prevención del acoso y la discriminación LGTBI, es necesario implementar mecanismos robustos de recopilación y análisis de datos.

Fig. 12. Las empresas deben registrar incidentes, realizar encuestas de clima laboral y analizar los datos para identificar tendencias y áreas de mejora

Los mecanismos de seguimiento y evaluación a considerar son:

- **Recopilación de datos**: Mantener un registro detallado de todos los incidentes reportados de acoso y discriminación, incluyendo el tipo de incidente, la resolución y las medidas adoptadas y realizar encuestas periódicas para medir la percepción de los empleados sobre la inclusión y la efectividad del protocolo.

- **Análisis de datos**: Analizar los datos recopilados para identificar tendencias, áreas problemáticas y la efectividad de las medidas implementadas y elaborar informes regulares para la alta dirección y el comité de diversidad sobre el estado de la implementación del protocolo y los resultados obtenidos.

- **Revisión y mejora continua**: Programar evaluaciones periódicas del protocolo para asegurar que sigue siendo relevante y efectivo y recoger *feedback* de los empleados y realizar ajustes al protocolo basado en las experiencias y necesidades reales.

- **Transparencia y comunicación de resultados**: Publicar informes anuales sobre los avances y desafíos en la implementación del protocolo, reforzando el compromiso de la empresa con la transparencia y la mejora continua y destacar y reconocer públicamente las buenas prácticas y los logros en la promoción de un ambiente laboral inclusivo.

El protocolo de prevención del acoso y la discriminación LGTBI debe ser una herramienta viva y dinámica, adaptándose a los cambios en la legislación, la sociedad y la propia organización. Solo así se puede garantizar un entorno de trabajo donde todos los empleados se sientan valorados, respetados y seguros.

Para la recopilación de datos, un ejemplo de encuesta de clima laboral podría ser el siguiente:

Sección	Pregunta	Opciones
Información general	¿En qué departamento trabajas?	Ventas, Marketing, Recursos Humanos, etc.
	¿Qué tiempo llevas en la empresa?	Menos de 1 año, 1-3 años, 3-5 años, Más de 5 años.
Percepción de la inclusión y diversidad LGTBI	¿Conoces las políticas de la empresa sobre inclusión y diversidad LGTBI?	Sí, No, No lo sé.
	¿Te sientes cómodo o cómoda hablando sobre temas LGTBI en el lugar de trabajo?	Sí, No, No lo sé.
	¿Consideras que la empresa respeta y utiliza los pronombres correctos de todos los empleados?	Siempre, A menudo, A veces, Rara vez, Nunca.
	¿Has presenciado o experimentado algún acto de discriminación o acoso hacia personas LGTBI en la empresa?	Sí, No.
	Si respondiste "Sí" a la pregunta anterior, ¿se tomó alguna acción adecuada para resolver el problema?	Sí, No, No lo sé, No aplica.
Efectividad del protocolo y formación	¿Consideras que la formación recibida sobre el protocolo de prevención del acoso y discriminación LGTBI fue adecuada y suficiente?	Muy adecuada, Adecuada, Ni adecuada ni inadecuada, Inadecuada, Muy inadecuada.
	¿Te han informado sobre cómo denunciar casos de acoso o discriminación LGTBI en la empresa?	Sí, totalmente, Sí, algo de información, No, poca información, No, ninguna información.
	¿Consideras que los líderes de la empresa promueven activamente un entorno de trabajo inclusivo y respetuoso?	Siempre, A menudo, A veces, Rara vez, Nunca.
	¿Qué tan efectivo crees que es el protocolo de prevención del acoso y discriminación LGTBI de la empresa?	Muy efectivo, Efectivo, Ni efectivo ni inefectivo, Inefectivo, Muy inefectivo.
Comentarios y sugerencias	¿Qué aspectos del protocolo de prevención del acoso y discriminación LGTBI crees que podrían mejorarse?	(Respuesta libre).
	¿Tienes alguna sugerencia adicional para mejorar la inclusión y el respeto hacia las personas LGTBI en nuestra empresa?	(Respuesta libre).

3.5. Infracciones y sanciones a la empresa por incumplimiento de la aplicación del protocolo

Las empresas deben ser diligentes en implementar y mantener protocolos de prevención del acoso y discriminación LGTBI. La falta de un protocolo puede ser vista como una grave negligencia, especialmente si la empresa ha sido advertida por las autoridades. La ausencia de este protocolo no solo incumple con las obligaciones legales, sino que también deja a los empleados sin una protección clara contra el acoso y la discriminación, lo que puede resultar en un ambiente de trabajo inseguro y excluyente.

Además, la formación adecuada es fundamental para la efectividad de cualquier protocolo. Sin sesiones de capacitación regulares y completas, los empleados pueden desconocer o no comprender las políticas de la empresa, lo que incrementa la posibilidad de incidentes de acoso y discriminación.

Fig. 13. Las empresas deben garantizar que todos los empleados, incluidos los nuevos y los veteranos, reciban formación continua para fomentar una cultura de inclusión y respeto

Tipo de infracción	Descripción	Consecuencias
Falta de implementación del protocolo.	No desarrollar o implementar un protocolo de prevención del acoso y la discriminación LGTBI.	Este incumplimiento básico puede ser considerado una grave negligencia, especialmente si la empresa ha sido notificada de la necesidad de tal protocolo por una autoridad competente.
No proveer formación adecuada.	No realizar sesiones de formación y capacitación para los empleados sobre el protocolo.	La falta de formación adecuada puede llevar a que los empleados no conozcan ni entiendan las políticas de la empresa, resultando en una mayor incidencia de incidentes de acoso y discriminación.
Inacción ante denuncias.	No investigar o actuar de manera adecuada y oportuna ante denuncias de acoso y discriminación.	Ignorar o manejar inadecuadamente las denuncias puede resultar en un ambiente laboral hostil, además de abrir la puerta a responsabilidades legales por negligencia.
Deficiencias en la comunicación del protocolo.	No comunicar claramente las políticas del protocolo a todos los empleados.	La falta de comunicación efectiva puede resultar en un desconocimiento generalizado de los derechos y procedimientos, minando la eficacia del protocolo.
Falta de seguimiento y evaluación.	No llevar a cabo una revisión y seguimiento continuo del protocolo y sus aplicaciones.	Sin un seguimiento adecuado, es difícil medir la efectividad del protocolo y hacer ajustes necesarios, lo cual puede perpetuar un ambiente de trabajo inseguro.

Con respectos a las sanciones posibles, se encuentran las siguientes:

- **Sanciones administrativas**: Las autoridades laborales pueden imponer multas significativas por incumplimientos de las normativas de igualdad y no discriminación.

  Por otro lado, las empresas que incumplen pueden ser inhabilitadas para recibir subvenciones o ayudas públicas.

- **Responsabilidad civil**: La empresa puede ser condenada a pagar indemnizaciones a las víctimas de acoso o discriminación.

Las demandas judiciales y las sanciones públicas pueden dañar gravemente la reputación de la empresa, afectando su relación con clientes y socios comerciales.

- **Consecuencias laborales**: En algunos casos, las empresas pueden ser obligadas a reintegrar a empleados que hayan sido despedidos injustamente por motivos de discriminación.

  Además, las empresas pueden ser forzadas a implementar cambios sustanciales en sus políticas y prácticas de recursos humanos.

- **Sanciones penales**: En casos graves, los responsables dentro de la empresa pueden enfrentar sanciones penales si se demuestra que hubo dolo o negligencia grave en la gestión de las denuncias de acoso y discriminación.

El incumplimiento del protocolo de prevención del acoso y discriminación LGTBI puede acarrear serias consecuencias para la empresa. Es fundamental que las organizaciones tomen en serio la implementación de estas políticas, no solo para evitar sanciones, sino para garantizar un entorno de trabajo justo, seguro e inclusivo para todos sus empleados.

Resumen

Esta unidad aborda la importancia y los elementos esenciales para implementar un protocolo efectivo de prevención del acoso y la discriminación contra las personas LGTBI en el ámbito laboral. La creación de un ambiente inclusivo y respetuoso es importante no solo para el bienestar de los empleados, sino también para el cumplimiento de las normativas legales vigentes, como la Ley 4/2023, que protege los derechos de las personas LGTBI.

El diseño e implementación del protocolo es el primer paso crítico. Este proceso incluye la evaluación inicial de la situación actual de la empresa, identificando necesidades específicas y estableciendo objetivos claros. Las políticas y procedimientos desarrollados deben ser detallados y accesibles, abarcando desde la prohibición explícita del acoso y la discriminación hasta los procedimientos de denuncia y las medidas disciplinarias. La colaboración con grupos de empleados LGTBI y organizaciones externas es esencial para asegurar que el protocolo sea inclusivo y efectivo. Además, es importante recoger feedback continuo y ajustar el protocolo según las experiencias y necesidades reales de los empleados.

La formación y comunicación del protocolo a todas las personas trabajadoras de la empresa son esenciales para su éxito. La organización debe proporcionar formación inicial y continua sobre el contenido del protocolo, asegurándose de que todos los empleados comprendan y puedan aplicar las políticas de prevención. Utilizar diversos canales de comunicación, como boletines informativos y la intranet corporativa, ayuda a mantener a todos informados. Además, es crucial entrenar específicamente a supervisores y gerentes para que sepan cómo manejar quejas y casos de acoso y discriminación de manera efectiva. Mantener un proceso de actualización y refuerzo continuo es vital para asegurar que el conocimiento y la concienciación se mantengan a lo largo del tiempo.

La recopilación y análisis de datos son necesarios para evaluar la efectividad del protocolo. Mantener un registro detallado de todos los incidentes reportados, realizar encuestas periódicas de clima laboral y analizar estos datos permite identificar tendencias y áreas problemáticas. Los informes regulares a la alta dirección y al comité de diversidad aseguran que la empresa esté al tanto de la situación y pueda tomar medidas correctivas cuando sea necesario. La revisión y mejora continua del protocolo son fundamentales para adaptarlo a los cambios en la legislación, la sociedad y la propia organización. Además, es importante conocer las posibles infracciones y sanciones que la empresa puede enfrentar por el incumplimiento del protocolo. Las sanciones pueden ser administrativas, como multas económicas y suspensión de subvenciones; civiles, como indemnizaciones a las víctimas y daños a la reputación; laborales, como la obligación de reintegrar a empleados despedidos injustamente; y penales, en casos graves de negligencia o dolo. Para prevenir estas sanciones, es esencial realizar auditorías regulares, mantener canales de denuncia eficientes, ofrecer formación continua y revisar y mejorar el protocolo periódicamente.

La Ley 4/2023 busca garantizar la igualdad real y efectiva de las personas trans y los derechos de las personas LGTBI. Se aplica en sectores públicos y privados, incluyendo el ámbito laboral, educativo, sanitario, y el acceso a bienes y servicios.

Las empresas deben implementar políticas de igualdad, desarrollar planes de igualdad, realizar formación continua, y establecer protocolos de prevención y actuación frente al acoso. Además, deben adaptar las políticas de recursos humanos, recopilar y analizar datos sobre igualdad y no discriminación, y ser transparentes en la comunicación de estas medidas. Además, las empresas están obligadas a desarrollar y aplicar planes de igualdad, proporcionar formación y sensibilización sobre diversidad, crear protocolos de prevención del acoso, y garantizar condiciones laborales inclusivas. También deben realizar auditorías de igualdad, recopilar datos, y asumir responsabilidad legal y sanciones en caso de incumplimiento.

Por otro lado, los convenios colectivos deben incluir cláusulas que promuevan la igualdad y prevengan la discriminación, integrar planes de igualdad, prever formación continua, y establecer protocolos de actuación frente al acoso. Además, deben garantizar la comunicación y difusión de estas políticas entre los empleados.

Este marco normativo obliga a las empresas a adoptar medidas proactivas para fomentar la inclusión y prevenir la discriminación en el ámbito laboral, contribuyendo así a la creación de un entorno laboral más justo y respetuoso con la diversidad.

La orientación sexual, la identidad de género y la expresión de género son conceptos esenciales que explican la atracción emocional y sexual hacia otros, la percepción interna de género de una persona y la manera en que se manifiesta esa identidad, respectivamente.

Las siglas LGTBI y LGTBIQ+ representan a lesbianas, gays, bisexuales, trans e intersexuales, incluyendo también a otras identidades y orientaciones bajo el signo "+". Este lenguaje inclusivo es importante para visibilizar y respetar la diversidad dentro del colectivo. Además, el concepto de LGTBIfobia abarca la aversión, discriminación y violencia hacia personas LGTBI, manifestándose en diversas formas como violencia física, verbal y discriminación laboral. Este fenómeno está profundamente enraizado en la heteronormatividad y puede tener graves consecuencias en la salud mental y el bienestar de las personas afectadas.

Los prejuicios, estereotipos y estigmas contra el colectivo LGTBI también son factores clave a considerar. Los prejuicios son actitudes negativas basadas en creencias preconcebidas, mientras que los estereotipos son generalizaciones simplificadas sobre un grupo de personas. El estigma es la marca de desaprobación social que puede llevar a la exclusión y discriminación.

La protección de los derechos LGTBI en el entorno laboral es una extensión de los derechos humanos fundamentales. Estos derechos incluyen la no discriminación, un ambiente de trabajo seguro y respetuoso, la privacidad, el reconocimiento de la identidad de género y el acceso igualitario a beneficios laborales. Implementar estos derechos requiere un enfoque proactivo por parte de las empresas, que deben desarrollar políticas inclusivas, ofrecer formación continua y crear mecanismos efectivos para reportar y manejar incidentes de discriminación.

U. A. 3. Derechos y prevención de la discriminación de personas LGTBI

Glosario

Bifobia

Miedo, aversión, discriminación o violencia hacia personas bisexuales. La bifobia se manifiesta en estereotipos negativos y la invalidación de la bisexualidad como orientación sexual legítima.

Estigma

Marca de desaprobación o deshonra impuesta por la sociedad sobre un individuo o grupo, basándose en características percibidas como desviadas de las normas sociales. El estigma contra las personas LGTBI puede tener efectos negativos en su salud mental y bienestar social.

Identidad de género

La identidad de género es la percepción interna e individual que una persona tiene de su propio género, la cual puede o no coincidir con el sexo asignado al nacer.

Intersexual

Personas que nacen con características sexuales (genitales, gónadas, patrones cromosómicos) que no encajan en las definiciones típicas de masculino o femenino. La intersexualidad es una variación natural del desarrollo humano.

No binario

Término que describe a las personas que no se identifican exclusivamente como hombres o mujeres.

Prejuicios

Actitudes negativas o creencias preconcebidas hacia un grupo de personas basadas en características como la orientación sexual o la identidad de género. Los prejuicios pueden conducir a discriminación y exclusión.

Queer

Término inclusivo que abarca una amplia variedad de identidades de género y orientaciones sexuales que no encajan en las categorías tradicionales. "Queer" ha sido reclamado por la comunidad LGTBIQ+ como una forma de autoafirmación y resistencia.

Trans

Término inclusivo que abarca a las personas cuya identidad de género no coincide con el sexo asignado al nacer. Incluye una amplia variedad de identidades de género no cisgénero.

Transfobia

Miedo, aversión, discriminación o violencia hacia personas transgénero o transexuales. La transfobia incluye acciones y actitudes que niegan la identidad de género de las personas trans y pueden resultar en exclusión social, acoso y violencia.

Ejercicios de autoevaluación

1. **¿Qué es la orientación sexual?**

   a. La forma en que una persona se viste.

   b. La percepción interna de género de una persona.

   c. La atracción emocional, romántica, sexual o afectiva hacia otra persona.

   d. El comportamiento de una persona en el trabajo.

2. **¿Qué significa el término "cisgénero"?**

   a. Personas cuya identidad de género no coincide con el sexo asignado al nacer.

   b. Personas cuya identidad de género coincide con el sexo asignado al nacer.

   c. Personas que sienten atracción hacia más de un género.

   d. Personas que no se identifican con ningún género.

3. **¿Cuál de las siguientes medidas no contribuye a crear un entorno laboral inclusivo para personas LGTBI?**

   a. Implementar programas de formación sobre diversidad e inclusión.

   b. Establecer políticas claras contra la discriminación y el acoso.

   c. Ignorar las denuncias de acoso y discriminación para evitar conflictos.

   d. Proveer servicios de apoyo psicológico y crear redes de apoyo dentro de la empresa.

4. **¿Cuál es uno de los principales objetivos de la Ley 4/2023?**

   a. Incrementar la productividad laboral.

   b. Promover la igualdad de trato y oportunidades en el ámbito laboral.

   c. Reducir el tiempo de trabajo.

   d. Aumentar los beneficios económicos de las empresas.

5. ¿A qué se refiere la Ley 4/2023 con medidas de igualdad?

   a. Políticas que fomenten la competencia entre empleados.

   b. Políticas que aseguren la igualdad de trato y oportunidades en el trabajo.

   c. Políticas para aumentar la jornada laboral.

   d. Políticas de remuneración basadas en antigüedad.

6. ¿Qué tipo de formación deben proporcionar las empresas según la Ley 4/2023?

   a. Formación sobre eficiencia energética.

   b. Formación sobre manejo de conflictos laborales.

   c. Formación continua sobre diversidad sexual y de género.

   d. Formación en habilidades técnicas específicas.

7. ¿Qué significa LGTBIfobia?

   a. Miedo irracional a la comunidad LGTBI.

   b. Aversión, discriminación y violencia hacia personas LGTBI.

   c. Preferencia por personas del mismo género.

   d. Rechazo de identidades de género binarias.

8. ¿Qué es la heteronormatividad?

   a. La creencia de que la homosexualidad es la orientación sexual más común.

   b. La suposición de que la heterosexualidad es la única orientación sexual normal y deseable.

   c. Una política inclusiva para personas LGTBI.

   d. La promoción de la diversidad sexual en el lugar de trabajo.

9. ¿Cuál de las siguientes medidas no contribuye a crear un entorno laboral inclusivo para personas LGTBI?

a. Implementar programas de formación sobre diversidad e inclusión.

b. Establecer políticas claras contra la discriminación y el acoso.

c. Ignorar las denuncias de acoso y discriminación para evitar conflictos.

d. Proveer servicios de apoyo psicológico y crear redes de apoyo dentro de la empresa.

10.¿Qué significa el signo "+" en LGTBIQ+?

a. Representa a personas heterosexuales que apoyan la causa.

b. Es una adición decorativa sin significado específico.

c. Representa la inclusión de todas las demás identidades de género y orientaciones sexuales no específicamente mencionadas.

d. Significa que las siglas pueden cambiar con el tiempo.

U. A. 3. Derechos y prevención de la discriminación de personas LGTBI

Aplicaciones prácticas

Aplicación práctica 1. Cumplimiento de las normativas de igualdad de género

U. A. 1. Sensibilización y promoción de la igualdad de género

Una empresa multinacional española del sector tecnológico fue analizada para determinar su cumplimiento con las normativas de igualdad de género. El análisis se centró en varios aspectos clave de las operaciones y políticas de la empresa, tanto en su sede en España como en sus oficinas internacionales.

Los resultados del análisis fueron:
- Se encontró que solo el 20% de los roles de liderazgo y el 15% de los puestos en el departamento de tecnología están ocupados por mujeres.
- La empresa no tiene un plan de igualdad formal, ni ha realizado un diagnóstico interno sobre igualdad de género, tal como lo exige la legislación española.
- Se descubrió una brecha salarial significativa del 25% entre hombres y mujeres en roles similares.
- Los procesos de reclutamiento y promoción carecen de directrices claras para asegurar la igualdad de oportunidades y tratamiento.
- Se encontró que los mecanismos para reportar y manejar casos de acoso y discriminación son insuficientes y no están claramente definidos.

Revisa la legislación y elabora un informe dónde se reflejen los siguientes aspectos:
- Análisis de las leyes nacionales e internacionales relevantes en igualdad de género.
- Identificación de las áreas donde la empresa no está cumpliendo con estas normativas.
- Propuesta de ajustes en las políticas empresariales.

Aplicación práctica 2. Actuación en situaciones de acoso laboral en la empresa

U. A. 2. Prevención del acoso en el ámbito laboral

Una empresa del sector sanitario con 85 personas trabajadoras detecta un clima laboral tenso en uno de sus departamentos. Varias personas del equipo de enfermería han comenzado a manifestar malestar y estrés por el comportamiento reiterado de su supervisora directa.

Durante una evaluación psicosocial, el servicio de prevención recoge los siguientes testimonios:

- La supervisora ridiculiza en público los errores del personal y emite comentarios sarcásticos sobre su competencia.
- Algunas personas son excluidas de los turnos más favorables y de las reuniones de planificación.
- Se ha observado una rotación creciente y ausencias por ansiedad en ese servicio.
- No existen protocolos internos específicos de prevención ni canales confidenciales para la denuncia.

Ante esta situación, la dirección general solicita al departamento de recursos humanos y al comité de seguridad y salud un informe interno que determine si las conductas descritas pueden considerarse acoso laboral, y que proponga medidas de actuación inmediatas y preventivas.

1. Identifica las características del acoso laboral presentes en este caso según los criterios estudiados en la unidad (repetición, intencionalidad, desequilibrio de poder, afectación a la salud).
2. Distingue si se trata de un conflicto laboral o de un proceso de acoso, justificando tu respuesta.
3. Indica qué tipo de acoso se produce según la clasificación jerárquica y la naturaleza de la conducta.
4. Propón tres medidas preventivas y tres medidas de intervención que la empresa debería adoptar de forma inmediata.

Aplicación práctica 3. Implementación de un protocolo de prevención del acoso y discriminación LGTBI en el entorno laboral

U. A. 3. Derechos y prevención de la discriminación de personas LGTBI

Te han contratado tres empresas diferentes, cada una enfrentando distintos desafíos en la implementación de un protocolo de prevención del acoso y discriminación LGTBI en sus entornos laborales.

Tu misión es proponer soluciones para diseñar e implementar un protocolo que fomente la inclusión y el respeto.

Los escenarios son los siguientes:

- Empresa A. Diagnóstico de la situación actual. Objetivo: Realizar un diagnóstico exhaustivo de la situación actual en relación con el acoso y la discriminación LGTBI en la empresa.
- Empresa B. Definición de objetivos. Objetivo: Definir objetivos claros y alcanzables para mejorar la inclusión y prevenir el acoso y la discriminación LGTBI.
- Empresa C. Desarrollo de políticas específicas. Objetivo: Desarrollar políticas y procedimientos específicos que prevengan el acoso y la discriminación LGTBI y promuevan un entorno de trabajo inclusivo y respetuoso.

Aplicaciones prácticas

Ejercicio de evaluación final

1. **¿Qué es un derecho fundamental de las personas LGTBI en el ámbito laboral?**

   a. Tener un espacio de trabajo separado.

   b. No ser discriminado por su orientación sexual o identidad de género.

   c. Tener jornadas laborales reducidas.

   d. Recibir formación específica solo para personas LGTBI.

2. **¿Cuál es un ejemplo de discriminación institucional contra personas LGTBI?**

   a. Leyes que niegan derechos a personas LGTBI.

   b. Comentarios ofensivos de colegas.

   c. Falta de representación en medios de comunicación.

   d. Asignación de trabajos específicos basados en género.

3. **¿Qué implica la "interiorización del estigma" para una persona LGTBI?**

   - Rechazo y exclusión social.

   - Sentimientos de vergüenza, baja autoestima y autodesprecio.

   - Acceso restringido a servicios de salud.

   - Mayor productividad en el trabajo.

4. **¿Qué es una microagresión?**

   a. Una forma de violencia física.

   b. Un insulto directo y claro.

   c. Comentarios o acciones sutiles que perpetúan estereotipos negativos o que invalidan las experiencias de las personas LGTBI.

   d. La promoción de políticas inclusivas.

5. ¿Qué establece la Ley 4/2023 en relación con el ámbito laboral?

  a. Exclusión de personas LGTBI del mercado laboral.
  b. Prohibición de la discriminación y el acoso basado en la orientación sexual y la identidad de género.
  c. Reducción de derechos laborales para personas LGTBI.
  d. Preferencia en la contratación de personas LGTBI sobre otras.

6. ¿Qué se entiende por "derecho a beneficios iguales" para empleados LGTBI?

  a. Acceso restringido a los beneficios de la empresa.
  b. Beneficios adicionales exclusivos para personas LGTBI.
  c. Igual acceso a todos los beneficios ofrecidos por la empresa, incluyendo seguro de salud y permisos familiares.
  d. Eliminación de beneficios para evitar discriminación.

7. ¿Qué estrategia es esencial para combatir la LGTBIfobia en el lugar de trabajo?

  a. Mantener en secreto la orientación sexual de los empleados.
  b. Implementar programas de formación sobre diversidad e inclusión.
  c. Ignorar los problemas relacionados con la diversidad.
  d. Crear políticas que excluyan a las personas LGTBI.

8. ¿Qué se hizo durante la Segunda República en España respecto a los derechos de las mujeres?

  a. Se redujeron sus derechos laborales.
  b. Se promovieron derechos laborales más equitativos para las mujeres.
  c. Se prohibió a las mujeres votar.
  d. Se limitó su acceso a la educación superior.

9. ¿En qué sector las mujeres han estado históricamente subrepresentadas?

a. Educación.

b. Tecnología e ingeniería.

c. Trabajo social.

d. Turismo.

10.¿Qué tipo de discriminación laboral incluye el rechazo de empleo o capacitación basado en el género?

a. Discriminación indirecta.

b. Discriminación por razón de sexo.

c. Discriminación directa.

d. Discriminación circunstancial.

11.¿Qué responsabilidad tienen las empresas más allá del cumplimiento legal en cuanto a la igualdad de género?

a. Compromiso con la educación.

b. Compromiso con la responsabilidad social corporativa.

c. Compromiso con la innovación tecnológica.

d. Compromiso con la reducción de costes.

12.¿Cuál es el objetivo de la LOMCE en relación con la igualdad de género?

a. Promover la igualdad de género en la educación.

b. Incrementar la financiación educativa.

c. Reducir el tamaño de las clases.

d. Aumentar la jornada escolar.

13.¿Qué conferencia dio origen a la Plataforma de Acción de Beijing?

    a. La Conferencia Internacional sobre Población y Desarrollo.

    b. La Cuarta Conferencia Mundial sobre la Mujer.

    c. La Cumbre Mundial sobre Desarrollo Sostenible.

    d. La Conferencia Europea para el Progreso Social.

14.¿Cuál es un aspecto clave del lenguaje inclusivo en la comunicación empresarial?

    a. Uso de jergas técnicas.

    b. Uso exclusivo de términos financieros.

    c. Evitar asumir roles basados en género.

    d. Utilizar siempre frases complejas.

15.Según la Macroencuesta de Violencia contra la Mujer (2019), el porcentaje de mujeres que han sufrido acoso sexual en el ámbito laboral es aproximadamente:

    a. 5 %

    b. 10 %

    c. 18 %

    d. 40 %

16.Entre las consecuencias del acoso laboral se encuentran:

    a. Mejora del rendimiento.

    b. Estrés, ansiedad y depresión.

    c. Mayor cohesión de equipo.

    d. Incremento de la productividad.

17.Una organización demuestra cultura preventiva cuando:

a. Ignora los conflictos hasta que se formalizan las denuncias.

b. Traslada el problema a la víctima.

c. Aplica sanciones sin investigación previa.

d. Implementa políticas activas de respeto, igualdad y prevención.

18.¿Qué artículo del Estatuto Básico del Empleado Público tipifica el acoso como falta muy grave?

a. Artículo 48.

b. Artículo 95.2.b.

c. Artículo 14.

d. Artículo 103.

19.¿Qué obligación específica impone la Ley Orgánica 3/2007 a las empresas con más de 50 personas trabajadoras?

a. Crear un comité disciplinario.

b. Elaborar y aplicar un plan de igualdad.

c. Designar una persona instructora.

d. Establecer un registro de jornada.

20.¿Qué tipo de acoso se produce cuando un grupo de subordinadas o subordinados hostiga a su superior jerárquico?

a. Acoso horizontal.

b. Acoso ascendente.

c. Acoso descendente.

d. Acoso de sistema.

Solucionario

U. A. 1. Sensibilización y promoción de la igualdad de género

1. b		**6.** c	
2. c		**7.** b	
3. c		**8.** b	
4. b		**9.** b	
5. b		**10.** b	

U. A. 2. Prevención del acoso en el ámbito laboral

1. a		**6.** c	
2. b		**7.** a	
3. a		**8.** d	
4. c		**9.** a	
5. a		**10.** b	

U. A. 3. Derechos y prevención de la discriminación de personas LGTBI

1. b		**6.** b	
2. a		**7.** b	
3. b		**8.** a	
4. c		**9.** c	
5. c		**10.** a	

Bibliografía

Legislación

* Anteproyecto de Ley Orgánica para la garantía integral de la libertad sexual. 10/06/2021. Número de expediente: 393/2021 (IGUALDAD). Ley del "solo sí es sí".
* Decreto Legislativo 1/2023, de 16 de marzo, por el que se aprueba el texto refundido de la Ley para la Igualdad de Mujeres y Hombres y Vidas Libres de Violencia Machista contra las Mujeres.
* Instrumento de ratificación del Convenio del Consejo de Europa sobre prevención y lucha contra la violencia contra la mujer y la violencia doméstica, hecho en Estambul el 11 de mayo de 2011.
* Ley 4/2023, de 28 de febrero, para la igualdad real y efectiva de las personas trans y para la garantía de los derechos de las personas LGTBI.
* Ley Orgánica 1/2004, de 28 de diciembre, de Medidas de Protección Integral contra la Violencia de Género.
* Ley Orgánica 3/2007, de 22 de marzo, para la igualdad efectiva de mujeres y hombres.
* Ley Orgánica 4/2022, de 12 de abril, por la que se modifica la Ley Orgánica 10/1995, de 23 de noviembre, del Código Penal, para penalizar el acoso a las mujeres que acuden a clínicas para la interrupción voluntaria del embarazo.
* Resolución de 29 de diciembre de 2020, de la Secretaría General de Función Pública, por la que se publica el Acuerdo de Consejo de Ministros de 9 de diciembre de 2020, por el que se aprueba el III Plan para la igualdad de género en la Administración General del Estado y en los Organismos Públicos vinculados o dependientes de ella.

Textos electrónicos

Pacto de Estado contra la Violencia de Género. [en línea]. Ministerio de la presidencia, relaciones con las cortes e igualdad. Dirección URL:
https://violenciagenero.igualdad.gob.es/pactoEstado/docs/FolletoPEVGcastweb.pdf

Webgrafía

Acciones de la ONU
https://www.unwomen.org/es/what-we-do

Acciones de la UE
https://www.europarl.europa.eu/factsheets/es/sheet/59/la-igualdad-entre-hombres-y-mujeres

Avances en igualdad de género
https://commission.europa.eu/strategy-and-policy/policies/justice-and-fundamental-rights/gender-equality/gender-equality-strategy_es

Cómo conseguir el distintivo oficial de igualdad para tu pyme
https://cincodias.elpais.com/cincodias/2020/11/02/pyme/1604324433_956062.html

Conciliación laboral
https://www.elplural.com/economia/brecha-genero-reduccion-jornada-cuidado-hijos_227221102

Continúa la discriminación laboral del colectivo LGTBI
https://www.concilia2.es/discriminacion-laboral-lgtbi-2/

Discriminación laboral: causas, tipos y prevención
https://protecciondatos-lopd.com/empresas/discriminacion-laboral/

Introducción a la igualdad de género: conceptos básicos
https://isdfundacion.org/2020/05/12/introduccion-a-la-igualdad-de-genero-conceptos-basicos/

La igualdad de género en el trabajo requiere acabar con la discriminación y superar los estereotipos
https://unric.org/es/la-igualdad-de-genero-en-el-trabajo-requiere-acabar-con-la-discriminacion-y-superar-los-estereotipos/

La mujer española en los últimos 50 años
https://www.ecos-online.de/spanisch-lesen/la-mujer-espanola-en-los-ultimos-50-anos

Los avances en la igualdad de la mujer en España desde 1975
https://www.nationalgeographic.es/historia/2022/03/los-avances-en-la-igualdad-de-la-mujer-en-espana-desde-1975

Los derechos humanos de las mujeres y la igualdad de género
https://www.ohchr.org/es/women

Mainstreaming de género
https://www.inmujeres.gob.es/areasTematicas/mainstreaming/home.htm

Normativa Internacional sobre Igualdad
https://institutomujer.castillalamancha.es/normativa/internacional/igualdad

Sobre las acciones positivas
https://www.concilia2.es/acciones-positivas-medidas-necesarias-en-las-empresas/

Sobre el "techo de cristal"
https://elordenmundial.com/mapas-y-graficos/porcentaje-jefes-jefas-empresas/

Sobre la Ley para la igualdad efectiva entre hombres y mujeres
https://noticias.juridicas.com/base_datos/Admin/lo3-2007.html

Bibliografía

Plan de igualdad. ¿Qué es y qué debe incluir?

https://fundacionadecco.org/azimut/que-es-un-plan-de-igualdad-en-una-empresa/

Plan LGTBI

https://www.uso.es/plan-lgtbi-obligatorio-para-empresas-de-mas-de-50/

Prejuicios hacia las personas LGTBI

https://juventudydiversidad.es/prejuicios-hacia-las-personas-lgtbi/

¿Qué obligaciones tienen las empresas a tenor de la entrada en vigor de la Ley Trans?

https://www.escura.com/es/obligaciones-de-las-empresas-en-la-ley-trans/